Idea man

Ideaman

Idea man

Idea man

關鍵突破

聚焦人生管理四關鍵，
直擊問題本質，
讓人生不斷躍進的成事法則

全球商業社群平台
LinkedIn撰稿人
吳靜思
——著

KEY
BREAKTHROUGHS

CONTENTS 目錄

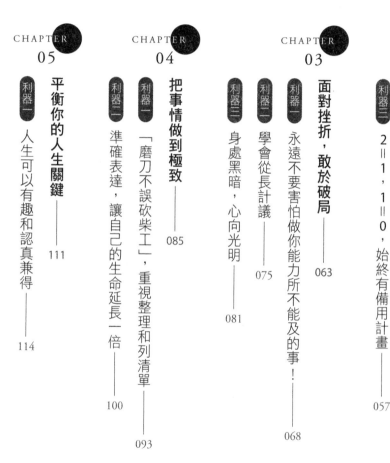

PREFACE

序

為什麼我們的人生，總是與放棄相伴？

二〇一八年的最後兩個月，是我三十多年人生的「至暗時刻」——我在兩個月裡胖了八斤、體脂率超過二十五%。上秤時，我被跳出來的數字嚇到了。

然後，搬出家裡另一臺秤，把全身衣物除盡，清空膀胱，連續秤了三遍，確定數字沒有問題。那一刻，我內心充滿了恐懼。難道從此我就要在中年發福的路上一去不回頭了嗎？其實上秤前，我預計到體重會增加。

在過去兩個月，一個沒心沒肺到拿熱量極高的螺螄粉當宵夜的人活該暴肥，而我之所以突然開始養成吃宵夜的習慣，也是被「生活所迫」。作家這個職業的另一層意思是「長期久坐不動」，加上家有「恐怖的三歲」（Horrible Three）男娃一枚，父母不在身邊，全靠我和老公兩人硬撐，我被生活弄得身心俱疲……好吧，我不能再為自己找藉口了。壓力人人都有，可大可小，但透過追求飽腹感來解壓是最不明智的方法之一。

想到自己體內裝滿了沉甸甸的八斤脂肪、油脂和澱粉，而這些都有可能成為最難去除的內臟脂肪，長久儲存在我體內，我整個人絕望不已。

於是，和無數人一樣，我開始了漫長而又痛苦的減肥之旅。第一步，戒掉螺螄粉。談何容易？兩個月來，大腦已經有了記憶，每到晚上九點多總想吃東西。我只能強忍，實在難受就提前刷牙躲進臥室、遠離廚房。好在一週後，我就不怎麼惦記螺螄粉了。

第二步，開始運動。我辦了一張健身卡，每週會抽出三～四天的時間做運動，每次大約四十分鐘。重訓器材、自由搏擊、核心肌群訓練班，我全都嘗試了一遍。兩週後，我驚訝地發現：哇！體重沒有一點變化！果然，人到中年，新陳代謝不會撒謊。

大概是我只開始運動還不夠，正常三餐的分量也需要減量。於是我又開啟了

「拒絕晚餐」的計畫。噩夢開始了。首先，生理上很難受，就像你的腸胃裡有很多小人，從裡面不停地拽你的內臟。其次，家庭矛盾開始升級。我的饑餓程度和耐心程度從下午五點開始成反比，在晚上六到八點達到高峰。老公想和我聊天，對不起，我沒心情；稍微和我辯解兩句，你是想吵架嗎？三歲的孩子在幼稚園待了一天，接回家和媽媽撒嬌鬧一鬧，不過五秒，我內心的怒氣就竄上來了。通常結局就是，我一陣亂吼，孩子淚眼汪汪。最慘的是，我根本無法堅持做到每晚都不吃飯。就這樣，在「間歇性斷食」加「間歇性亂吃」的路上堅持了一個月後，我上秤一量：重了一斤！在減肥這條路上，我付出心血然後摔得頭破血流。減肥失敗帶給我的影響不僅僅是體重回升，內心的挫敗感也隨即如翻江倒海般湧過來。在三十多年的人生裡，那些失敗的、沒能堅持下去的、自欺欺人找藉口放棄的往事一波波湧過來。

在小學一年級的暑假裡，對著字帖練習硬筆書法，不到三天就放棄，這個惡性循環持續到小學六年級，直到我再也不練字才結束。說好工作後重拾英語，書架上擺滿了各種英文單字書、手機裡下載了各類英語學習APP，甚至還不惜血本，訂閱了《經濟學人》（*The Economist*）。結局是，這麼多年過去了，單詞還沒背到B開頭的那一章，而兩本雜誌嶄新如初，躲在書架的角落裡。線上課程，從「藝術史概論」到「資料科學」，都野心勃勃想學一遍，結果卻沒有一門課能挺過三節。

我沮喪地想，為什麼自己的意志力如此薄弱？為什麼自己總是容易放棄？為什麼這麼容易受誘惑？而我身邊的那些——通常是著名高校的博士、教授——他們中午吃一個吐司三明治，再加一小盒水果就能飽了；同樣的新知識，有人能迅速掌握、吸收，然後用最簡單的比喻告訴你這個知識的原理；有人高強度工作一天後，晚飯後還能再回辦公室工作兩、三個小時；有人年過七旬還能保持大腦高強度運轉。誠然，我身邊的這些博士、教授，他們能「混進」世界知名學府，智商高於水準是必然的。但我也要說句大實話，他們還沒有達到天才那種水準（好吧，其中有些人還是稱得上絕頂聰明的），他們當中沒有人是小時就成名的天才兒童，也沒有像比爾·蓋茲、賈伯斯、馬斯克那樣，拿出在當時舉世無雙的產品震撼世界。在和他們的接觸中，你能感受到他們也有很多知識盲點，也會犯一些低級的錯誤。他們肯定不是庸才，但一定也不是讓人驚呼的天才。然而，他們向工程、醫學、神經學科這些艱深的學科發起挑戰、探索未知，還闖出一番成就；而且，他們還能把自己工作、學業之外的生活、關係、健康、興趣打理得井井有條。他們一定掌握了某些祕密工具，能讓他們在某一領域取得高於普通人的成就，並且還能保持長久的戰鬥力。而我，要去盜取火種。於是，我找到平時接觸比較多的八個人。他們有的是自己領域裡的領軍人；有年過七旬還在科研領域業精於勤的「老專家」；有知識橫跨物理、數學、醫學、工程的專業斜槓人士；有二十歲就非常明確知道自己要走什麼職業道路的小青年；也有從戰亂、保守的國家走出來，靠著自己走向哈佛這種高等學府的女博士；還有在兒時罹患重疾、戰勝疾病後立志為患者造福的追夢人；以及從宇宙外太空轉行研究腦神經，同時也沒耽誤結婚生子兩大人生大事、不畏懼時間的中年男子。和那些家喻戶曉的公眾人物相比，從知名度、收益程度來看，他們只能算普通人；但從為社會帶來的貢獻、實現自己人生理想這個角度來看，他們絕對是人生贏家。

在和他們的日常接觸、溝通、一起參加的活動和訪談中，我看到了他們是如何苦心經營自己的良好習慣，最終讓這些習慣成為制勝的利器。這些「利器」未必能確保你成為世界富豪、知名公眾人物，但一定能讓一個普通人更高效地向上攀登、成為更好的自己。

我接下來會分八個章節一一展開，透過他們的故事和經歷，向大家介紹他們的二十五個利器，告訴你，這些人如何在工作、生活和思考中使用這些利器，並在每一章結束後附上一些思考與練習，幫助大家更加熟悉這些利器。然後，在最後四章裡，我對這二十五個利器進行歸納總結，從中提取出共通性，做進一步的深度分析和說明，方便大家上手使用。

沒有人能隨隨便便成功，成功除了命運的眷顧之外，總是有跡可循。現在，就讓我們一起開始循跡之旅吧！

CHAPTER

01

找準你的人生定位

五月初夏，我在健身房門口等法爾札內。我們約好了早上一起去游泳。兩分鐘後，她帶著一臉沮喪來了。完全不是我平時常見的自信、神氣的模樣。

「妳怎麼了？看起來不太開心。」

「別提了，早上我和我爸視訊，我又被他嫌棄了。這足以毀掉我一整天的心情。」法爾札內又惱又喪地說。

「還有三個月妳就要去哈佛讀博士了，二十五歲就取得這樣的成就，我不知道妳還有什麼好被嫌棄的地方？」

不是奉承，也不是安慰，我是真心佩服法爾札內。

「我和我爸媽說起上週行業會議的事。我告訴他們我的展示在大會上和別人一起拿到了頭等獎。結果我爸問我：為什麼妳不是唯一獲得頭等獎的人？妳能做得更優秀嗎？」

法爾札內越說越激動：「從小到大，他總是這樣，我考了第二名，他問我為什麼不是第一；我考了第一名，他問我為什麼不是以滿分成績取得的第一；我以滿分成績取得了第一，他會問我是不是唯一。」

法爾札內最後歎了一口氣說：「有這樣的爸爸真的很累。」我們相識四年，交情淡如水，最多聊聊彼此喜歡的美劇。要不是暑假她沒人一起做伴鍛鍊，主動約我一起游泳，我不會知道法爾札內還有這樣一位「虎爸」。

我和法爾札內初次相識是在學校開設的一個文化小組（culture group）裡。來自全世界不同國家的學生，被分成不同小組，一組有五到七個成員，組長給出一個問題，大家就這個問題，基於自己的成長環境、教育背景給出看法。

這個小組的目的，一方面是讓大家看到世界的「分歧」，用更多元化的思維去看待世界；另一方面，也是希望借由這個平臺結交志同道合的朋友。

我和法爾札內被分在同一個小組。我們是組裡「唯二」的女生。討論結束後，我帶著一口殘缺不齊的英文主動去找帶著明顯東亞樣貌——小麥膚色、大眼睛、高鼻樑——的法爾札內寒暄。

這是我和法爾札內的第一次對談，這位來自中東地區的女孩，用一口標準的美式英文震撼了我。

法爾札內在中東地區出生、長大、讀書，經歷過國家的一些動亂，但總體來說她的成長算是順遂。她的父親是當地一位外科醫生，母親是護士長，典型的中產家庭。她還有一位小她三歲的弟弟，剛剛考入中東地區最好的大學讀建築系。法爾札內也是這所大學畢業的，畢業後申請到美國一所不錯的公立大學讀博士，拿的是五年的全額獎學金，攻讀神經工程專業。

法爾札內告訴我，她註定是要學這行的。爸爸是腦神經科醫生，小時候她經常去爸爸工作的醫院「玩」。由於法爾札內從小在醫院見多了生死往來，她受不了那種生離死別的痛苦，所以最後沒有選擇學醫，而是做腦神經工程研究的建模和演算法。

法爾札內最喜歡掛在嘴邊的一句話是：「這很容易啊！」她不是為了讓對方難堪或為了炫耀才說這句話的。她是由衷地認為很多問題真的不難。

同組的博士生有個問題想了一天都沒解決，她看了看，在紙上畫一畫，五分鐘就給出答案。學長對著代碼找了四十分鐘的漏洞，她一眼就看出問題在哪兒。實驗室來了一位碩士生要做畢業設計，導師請法爾札內幫忙指導一下。她看了一眼該學生想做的東西，一臉不解地問導師：「這是我大學三年級做的東西啊，他怎麼都碩士畢業了才在做？」

還有組裡的博士後，在博士畢業後又在科研界工作了兩年，對一些演算法和建模工具的運用程度還不如她，以至於在行業會議上，來自各高校的老師和研究院所的專案負責人，都以為她才是博士。這些老專家們很少見到一位博士三年級的學生能把核心問題和技術鑽研得這麼透徹，把課題做得如此艱深。

法爾札內的優秀，讓她在博士第三年時就收到來自英特爾、紐約大學、哈佛大學以及世界頂級外科神經中心巴羅神經研究所（Barrow Neurological Institute）的工作邀請。在認真抉擇後，她最終選擇畢業後去哈佛做博士後。

如果你以為我要告訴你一位天才少女的故事，那未免太無聊老套了。法爾札內無疑是個聰明人，否則也不可能成績單上全是A、連續三年獲得校園最高獎學金，包攬了很多行業會議上的大獎，在學生期間就以唯一第一作者的身份發表了兩篇重量級論文，還沒畢業就成為眾多頂級公司和高校爭搶的對象。像她一樣、甚至比她更聰明的人大有人在，但她身上打動我的閃光點絕不是聰明，而是讓她走到今天，並有極大概率在未來也能獲得重大成就的三件利器。

利器一 做成一件事，只找最必要的那一個理由

「面對重要的事情，我從不一時興起、僅憑興趣做事，也不會找一大堆理由，告訴自己：你看，理由如此充分了，那就動手吧！我只會找一個理由——一個最必要、不會輕易被動搖和推翻的理由。」

法爾札內和我坐在學校的霜淇淋店，我們一邊吃著霜淇淋、一邊聊著這位二十五歲哈佛準博士後的「成功經」。

「妳這麼年輕，怎麼就有如此成熟的想法？」比她年長五歲的我，從來沒像她說的那樣考慮過問題。通常，我們都是給自己列一堆理由，看上去充分了，然後才動手開始做。

「在我七歲時，我就學會了『只找一個最必要的理由』這個方法，讓自己把事情做成。在我們第一次見面時，妳問過我英語為什麼說得這麼好，對吧？英語

並不是我的母語，但英語在中東地區是最熱門的外語，所以我從七歲開始學英語。」

「這很像中國的一些大城市裡的許多小朋友，他們甚至從三四歲就開始學英語，但也未必能說得像妳一樣流利。連美國人都以為妳在美國本土長大。」我疑惑地問她。

「很簡單，我確實下很多功夫學英文，雖然我很討厭英文，覺得背單字、記文法很沒意思。但我始終記得我爸爸拋給我的幾個問題：『妳想永遠得到的只是二手資料和資訊嗎？妳想在未來和別人交談時永遠一知半解嗎？想讓別人因為妳的口音而對妳產生誤會和偏見嗎？』面對這些問題，我的答案當然是『不想』，既然『不想』那只能想辦法學好。」

「就這麼簡單？」我將信將疑。本以為她要給我傳授一大堆學好英文的心得，誰知卻只拋出來「想辦法學好」這五個字。

法爾札內吃了一口香草霜淇淋，笑著說：「是很簡單，但足夠必要了。必要到我沒有藉口去偷懶不好好學英語，這就夠了。妳別小看『只找一個必要理由』

的方法，我可是用它辦成了不少大事。」

法爾札內又和我講了她在博一剛進實驗室，和學姊競爭並最終把對方打敗的事。

高校的實驗室有時候和後宮一樣，也是要「爭寵」的，為了讓導師對自己青睞有加。比如，導師挺不挺我的項目、推不推我的論文，學生之間少不了費些心思鬥爭。其實這些鬥爭，說到底其始作俑者是導師，他們的領導風格、對學生的態度決定了一個實驗組的「企業文化」。

法爾札內所在的實驗室算是一片淨土，導師手下有四個學生，不算多，導師也是一心一意搞學術的人，不搞競爭搏出位這一套。法爾札內剛進組時，俄羅斯學姊帶著她，幫她熟悉實驗室的一切。當時，學姊因為比她早來一年，還負責實驗室的一些行政事務，比如開會申報、實驗品採購報銷等，手中有點小權力。論年限、工作接觸和做實驗的熟悉程度，學姊和導師的感情、親密度自然比她強，這很正常。

但從小到大要做最好、最強、第一的法爾札內不接受。她說：「你要是因為比我更強的學術能力勝出，我可以接受。但是靠時間長短論親疏，做科研的人不能這樣。」

「當時進組不久，瞭解清楚大概情況後，我想做的事就是取代學姊在導師心中的地位。理由就是，不適合的人不該待在那個位置上，我能夠在任何方面都比她做得更好。」（只能說，剛剛二十歲出頭、沒被扔到社會和職場上錘煉的法爾札內太年輕。）三年過去了，現在聽法爾札內說這句話時，我還能感受到殺氣騰騰。

「妳做了什麼，讓原本打算讀博士的學姊最終讀完碩士就走了？」我也認識那位學姊，知道兩年前，她拿了個碩士學位就離組去工作了。當然，沒能繼續學業的主要原因不是法爾札內，雖然她也起到了一定作用的推力。

「很簡單，我只是做了兩件事：第一，她能做的東西，我比她做得更好。比如，實驗室的日常行政工作，她只是被動地接受、完成，而我找出了實驗室內部存在的幾個重要問題，提出解決辦法給導師，然後自告奮勇願意督促完成。導師發現，在學姊的帶領下，實驗室只是維持正常運轉，而我做的那些事卻讓實驗室的運行效率從七十分提高到了八十分，並且還不需要他額外做什麼。你說導師更喜歡哪個下屬？

「第二，做一些她做不到、只有我能做到的事。這一點完全就是拚各自的科研硬實力了。剛進組時，學姊早來一年，基本功比我好。我學了一學期，在三個月內看了一百二十篇行業論文，選了五門專業課，不分週末節假日（除了耶誕節休息了一天）地待在實驗室死讀。用一學期達到了她一年的水準。慢慢地，導師發現和我討論學術問題或實驗情況時，我不再是新手水準，提出的想法比他帶了一年的學生還有水準。他自然更願意和我交流。」

我聽著法爾札內的「宮鬥史」，揣摩著她的第一個利器：「當我想做成一件事時，我一定會找一個最必要的理由讓自己堅持下去，直到實現。」

這讓我想到了全球最大職業社交網站領英（LinkedIn）創始人李德・霍夫曼（Reid Hoffman）的一則故事。

當年，領英要進行一系列推廣活動，為了打開領英在中國的市場。中國分公司計畫舉辦一些業界活動，還打算推廣中文版的《至關重要的關係》（霍夫曼所著）一書來增加知名度。怎麼看霍夫曼都有不錯的理由前往中國，但他認為，沒有任何單獨一條理由足夠充分到讓他必須去。

他說：「對於是否進行一項可能開銷較大的行動，我的判斷標準是一個足夠充分的理由，而不是多個理由。我需要一條決定性的理由，然後根據該理由來衡量旅行的價值。如果我去了，那麼我們需要用所有其他的輔助活動來排滿整個行程。但是如果我因為多種理由前往中國，那等我回來時肯定會覺得這次計畫很浪費時間。」

用一個最充分的理由，而非多個看上去很不錯的理由去確定行動，能迫使我們在行動前謹慎周全地思考，並在行動後不給自己偷懶和放棄的理由。

利器二　別忘了提醒自己：還沒達到平均水準，但同時假裝自信

法爾札內的第二個利器聽上去有些自相矛盾：沒達標還要自信？誰給她的勇氣？

法爾札內問我：「你聽說過鄧甯－克魯格效應（The Dunning-Kruger Effect）嗎？」

鄧甯－克魯格效應是心理學裡的一項關於認知偏差的實驗，由康乃爾大學的大衛．鄧甯和賈斯汀．克魯格教授於一九九九年首次在實驗中觀測得出。

兩人把康乃爾大學的部分本科生隨機分成了幾組，讓每一組的人都進行三個測試：一個是語法測試，一個是邏輯推理測試，還有一個幽默感測試。他們找到了一些寫喜劇的專業人士寫了很多笑話，然後讓學生找出哪個笑話是最好笑的。等到測試結束後，被測學生都需要回答一個簡單的問題：你覺得自己答得怎麼樣？

也就是說：你覺得自己處於被測樣本百分比的哪個部分？之後，再由心理學家收集結果並分析這些資料。

然後他們篩選出了成績處於後二十五％的被測學生，這些是做得最糟的學生。他們的成績分別在十一～十三％之間。但讓人驚歎的是，這些被測學生認為自己的表現應該在樣本的六〇～七〇％之間，也就是高於樣本平均水準。他們認為自己會打敗大部分的學生。

簡單地說，實驗表明，「能力缺失」和「過度自信」之間有著某種直接聯繫。雖然不是每個表現糟糕的學生都過度自信，但是大部分學生是如此。大部分表現不好的學生，一般會覺得自己表現得還不錯，甚至是優秀。他們完全不清楚自己的情況和能力。

為了確保這項實驗結果沒有「認知偏差」，兩位教授對更多群體做過類似的實驗，包括閱讀、駕駛、下棋和打網球等，實驗結果都是一樣：「無能者的錯誤標度源自於對自我的錯誤認知，而極有才能者的錯誤標度源自於對他人的錯誤認知。」

最終，兩人發表了《論無法正確認識能力不足如何導致過高自我評價》（*How Difficulties in Recognizing One's Own Incompetence Lead to Inflated Self-Assessments*）的學術論文，在論文中得出結論：能力差的人通常會高估自己的技能水準；能力差的人不能正確認識到其他真正有此技能的人的水準；能力差的人無法認知且正視自身的不足，及其不足之極端程度；如果能力差的人能夠經過恰當訓練，大幅提高能力水準，他們最終會認知到且能承認他們之前的無能程度。

我明白了，鄧寗－克魯格效應就像莎士比亞《皆大歡喜》中的那句經典臺詞一樣：「傻瓜認為自己是明智的，而聰明的人認為自己是個傻瓜。」

「就是這個意思。所以，在事關學術方面，我經常告訴自己：『法爾札內，妳還沒有達到平均水準。』這是一個我逐漸培養起來的認知觀念，用於修正和防止我常以為自己高於平均水準的錯覺。」

「但身為學生，妳確實是其中的佼佼者。拿獎、發表優秀論文、收到業內重量人士的認可，總要這麼說服自己也很難吧。妳會真心相信自己低於平均水準嗎？而且，這種有意識地貶低自己，久而久之不會挫傷自信嗎？」我拋出自己的疑問。

「妳要這麼想，也許正是我經常告訴自己還沒達標，才有了現在妳眼中的『優秀』。如果妳因為自貶獲得進步，它就不是『自貶』，而是鞭策，會給你帶來更積極的意義。況且在學術圈裡，有幾個人敢真正承認自己是高於平均水準的呢？至於如何讓自貶不要挫傷自信，就要結合我時不時盲目自信這個優點了！」

法爾札內告訴我，即使諸事不順且沒有自信的理由，她仍然會強迫自己保持自信，因為沮喪、灰心和失望對事情沒有任何幫助。之所以這樣，全是因為她的媽媽。

法爾札內的媽媽小時候出身貧窮，那時候，中東地區女性的地位普遍很低，家中兄弟姊妹又多，她的媽媽沒有機會受教育。但倔強的媽媽並沒有屈服大環境和命運，她偷弟弟的書看、求哥哥教她書裡的知識。爸爸比同齡人開明一些，看自己的女兒如此好學，而且學得很快，就破天荒地送女兒去讀書。

當然，後來法爾札內的媽媽才知道，自己的爸爸之所以願意這麼做，也是希望培養一個才德兼備的女兒，找個更好的婆家，能幫襯自己一把。讀到高二，爸爸找了當地小有名氣的一戶人家要女兒出嫁做二房（中東地區的法律允許男人可以娶四個老婆）。

但已知「自由之精神、獨立之人格」的女兒不肯屈服，於是和全家決裂偷跑出來，一邊打零工，一邊存錢賺學費，她的夢想就是考護校當護士。在當時那個環境裡，這算是很大的夢想了。

「小時候，我遭遇挫折和失敗時，我媽總會對我說一句話：『法爾札內，雖然妳是孩子，但妳可以的。』因為她憑藉自己的力量實現了心願，所以她相信身為她女兒的我也能做到。」

我相信，這句話對法爾札內一定意義重大，至今當她說起時，還能看到她臉上的感動與感激。

「我學會了對自己喊話『妳可以的』、『妳能做到』，即便在不如意的境況下。因為我知道沮喪和抱怨沒用，為了扭轉逆境或把事情做好，我必須相信自己能做到。這是一切成事的前提。」

法爾札內的這番話讓我想起了美國作家寇特．馮內果（Kurt Vonnegut）曾在自己的一部作品裡寫過一句話：「我們假裝自己是什麼，我們就是什麼。」你可以嘲笑寇特．馮內果的阿Q精神、唯心主義，但這種思想也可以是逐步走進學術殿堂的積極心理學。

美國當代著名心理學家、賓夕法尼亞大學心理學教授、前美國心理學會主席，馬丁．賽里格曼（Martin E. P. Seligman）被稱為積極心理學之父。積極心理學宣導人類要用一種積極的心態，對人的許多心理現象做出新的解讀，並以此來激發個人自身所固有的某些實際的或潛在的積極品質和力量，從而使每個人都能順利地走向屬於自己的幸福彼岸。

雖然積極心理學的實驗和成果還有待驗證，但是，「積極」和「消極」兩種截然不同的態度的確會對我們的行為、三觀產生巨大影響。至少，當你「假裝自信、假裝一切美好」時，你的生理健康是能回到正軌的。

芭芭拉・弗雷德里克森（Barbra Fredrickson）是北卡羅來納大學教堂山分校的傑出教授，在她發表的論文《培養積極情緒，以優化健康和幸福》（*Cultivating Positive Emotions to Optimize Health and Well-being*）中指出，正面情緒可以抵消負面情緒對心血管的影響。當人們緊張時，他們會出現高心率、高血糖、免疫抑制，以及其他利於立即採取行動的反應。如果在緊張過去後，人們不及時調節，就會導致病痛、冠心病和更高的死亡率。實驗室研究和調查研究都表明，積極的情緒有助於讓飽受緊張的人們回到原來的生理基線。

所以，我絕對相信，「假裝自信是成事的前提」。

利器三 生命有限，「不」字當先

法爾札內不太受人待見，除了前面說的，她總是無心地把別人的難題看作「小菜一碟」之外，總喜歡拒絕別人也是原因之一。

我就曾因為這個原因和她鬧過彆扭。

我倆之所以變熟，起因於某次電梯偶遇，閒談中得知我們都喜歡游泳。電梯到達三樓，她準備出去時問我：「明天早上要不要一起去健身房游泳？」我欣然答應。

我們第一次的游泳約會很愉快，結束後還一起搭車去學校，聊到了彼此國家博大精深的美食文化。因為聊得來，也出於禮貌，我當天晚上回邀她第二天要不要繼續，她拒絕了，給出了含糊的理由：「我有其他安排了。」

我沒在意，隔了兩天又發消息給她：「明天老時間老地方一起游泳？」結果，又遭到拒絕，她的理由和上次一樣：「我有其他安排了。」這次我有點介意，畢竟被拒絕不是一件令人開心的事，哪怕只是一個小小的游泳邀請。於是，我告訴自己，不要再向她發出邀請了。

第三天，我們在學校相遇，她問我能不能聊三五分鐘，想和我解釋一下為什麼拒絕了我的兩次游泳邀請。這倒是讓我很意外。

「千萬不要覺得我是在針對妳，絕對沒有這個意思。如果讓妳感到不舒服，我非常抱歉。」法爾札內帶著低姿態開門見山。

「是這樣的，我有個習慣，在接受任何娛樂性、休閒性的邀請前會先花一、兩分鐘算一下，這些時間會不會影響我當天的安排、想要實現的目標。比如，有朋友邀請我一起外出吃晚餐，我會在腦海裡算一遍這頓晚餐大概會花費我多少時間：吃飯、聊天、來回路上用掉的時間、如果吃完後興致不錯，可能還要去喝一杯、接著聊天……這樣算下來，一頓晚餐也許要用掉兩、三個小時。我會認真權衡一下，當天這兩、三個小時是不是還有更重要、更有價值的事情要做。當然，那些事通常是實驗、論文、學習之類的，如果是，我會拒絕這頓晚餐邀約。」法爾札內認真和我解釋。

「所以妳兩次拒絕了我的游泳邀請，是因為妳算了一下，這個邀請『不划算』？」我心裡有些佩服她這種看上去有點自私，其實是對自己的人生負責的做法，但內心還是有點怨氣。

「坦白說，是的。因為最近我在準備一個行業會議的海報展示和演講，我算了一下，我們游泳、洗漱、再回來學校的路程，大約要花九十分鐘。我一天中肯定有九十分鐘的時間可以和妳去游泳，但這真不是我近期的優先順序。所以，請原諒我吧。」

「從妳開始向我計算接受一頓晚餐邀請需要耗費的時間開始，我就原諒妳了。雖然被拒絕的那個人會有點不舒服，但妳這是對自己人生負責的做法。」我提議，「以後妳約我吧，主動權交給妳。也省得妳傷了我的心。」

我曾聽過一期播客節目，邀請的嘉賓是牛津大學哲學副教授威爾・麥克斯基爾（Will Macaskill），他在節目裡說：「用五％的時間思考如何度過剩下的九十五％的時間看起來是很合情合理的。如果你對待自己的事業和生活也是如此，那就是要用四千小時的時間或兩年的工作時間來思考。」

這段話讓我印象深刻。只是我和大多數人一樣，並沒有花時間去思考和合理安排自己的人生時間，而法爾札內做到了。

法爾札內的第三個利器就是「不」字當先，勇敢地拒絕別人。

說「不」很難，因為我自己就是一位「拒絕困難症」患者。可仔細想一想，難以開口拒絕的壞處不僅僅是折損面子、人情，更重要的是，如果我們的一生是一場打怪升級，都有各自的任務和目標要去完成、實現，當我們在本該說「不」的時候開口說了「可以」，相當於用別人的目標取代了自己的目標，為他人作嫁。可惜，這筆不划算的買賣，只有像法爾札內這樣的少數人才算得清楚。

最近一次和法爾札內聯繫是在二〇一九年的感恩節前夕。我問她在哈佛的新生活如何，她的回覆是：「還行吧！」我想，在天才成堆的哈佛校園裡，她一定也會遭遇不少困難，但我相信，有這三樣利器傍身，一切都難不倒她。

小結

利器一：做成一件事，只找最必要的那一個理由

面對重要的事情時，不要一時興起，憑興趣做事，也不要找一大堆看上去「還不錯」的理由去做，而是找到那個最必要的、不會輕易被動搖和推翻的理由。

利器二：別忘了提醒自己：還沒達到平均水準，但同時假裝自信。

「我們假裝自己是什麼，我們就是什麼。」

利器三：生命有限，「不」字當先

在接受任何娛樂性、休閒性的邀請前，你可以先花一、兩分鐘算一下，這些時間會不會影響自己當天的安排，以及自己想要實現的目標。不要讓別人的目標取代了自己的目標。

思考與練習

❶ 找出一件自己很想完成卻一直沒做的事。首先，寫下必須要完成的N個理由，然後用排除法刪掉其他理由，保留最後那個沒刪除的理由，最後去完成它。

❷ 從「生活、工作、健康、愛情、友情、親情、才華」這七個面向（可以擴充）各列出至少一條以上值得自己驕傲的事情。見表1範例。

表1　我的「小驕傲」

生活	極簡風。	不會在「儀式感」這件事上花時間和精力。	不愛化妝，因此省了許多時間和金錢。
工作	工作寫作三年半，出了三本書。	靠著筆耕不輟和一點運氣，成為許多大平臺媒體的特約作者。	

健康	每週堅持去三、四次健身房有氧運動，每次四十分鐘，堅持了一年半。		
愛情	愛情承蒙錯愛，年少時被人追求過，給了我自信。	嫁對了人。	
友情	可以信任的二三摯友。		
親情	和父母關係融洽。	長輩眼裡懂事的孩子。	每天堅持親子閱讀，堅持了三年。
才華	從小學起就喜歡閱讀，熱愛並堅持閱讀二十多年。	不會為了減肥而放棄美食。	

❸列一張清單，寫下那些會影響你、打斷你的「休閒活動」，如不間斷地追劇、突如其來的聚餐等，找出至少三項是在下次再遇到時，可以拒絕或減少的活動。

CHAPTER

02

人生轉場的勇氣

老劉其實不老，才三十六歲，但對於一名博士生來說，稱他一聲「老書生」也沒錯。別人三十歲博士畢業，老劉三十二歲博士才剛上路。我曾問過老劉：「你以前在上海不是過得挺好的嗎？身為一名新上海人，在中科院有份體面的工作，在徐匯區邊界有兩室一廳的房子住著，也找到了情投意合的伴侶，老婆、事業都有了，就等二人世界瀟灑夠了再生個孩子，你還有什麼不滿意？」

老劉用他那不太濃郁的東北口音回答道：「這不是想抓著青春的尾巴，再掙扎兩下嘛。」

在三十二歲還覺得自己依舊年輕、生活穩定還敢於打破歲月靜好，很好！老劉十八歲離開東北去天津讀書，本科、碩士、工作、立業、成家、博士，越走越遠，在將近二十年的時間裡，他回東北的次數用一隻手就數得過來，所以標準的東北口音也越來越弱化。鄉音已改鬢毛衰，唯獨不變的是他那顆東北魂——幽默、搞笑，以及一顆不怕辯駁（吵架）的心。

但老劉的吵架不是無事起風波爭執，而是喜歡論事實、講邏輯、拚理智的高級「吵架」。我曾無意中聽到過一次他和他老婆在吵架，兩人吵架的套路是這樣的：

老婆：「你說，這種小事，你和我爭執有意義嗎？」

老劉：「老婆，首先，申明一下，我沒有和妳爭執，我的聲音語調都沒有拉高，我是在心平氣和地和妳討論問題；其次，我想和妳說一下我的看法，我不同意的理由有三條，分別是……最後，考慮到……也許咱們可以這麼做這件事……總之，我的想法是咱們一起解決這個問題，而不是分輸贏。」

一整套說辭下來，滴水不漏。身為一名理工科學生，老劉討論事情，包括吵架都喜歡講求邏輯，在中科院工作五年訓練出了很好的工程師思維。所謂「工程師思維」就是以解決問題為主要目的。這需要強大的邏輯和自制力（控制情緒、思路不跑偏）才能做到。

無論是工作還是生活，以解決問題為優先順序的工程師思維都是很好的「填坑」工具。

但這種思維如何才能練就呢？老劉告訴我，第一步就是學會提問、不怕提問，以及不怕被提問。

利器一　懂得提問的價值，學會提問

工程師思維其實並不神祕，簡單地說，就是動用邏輯和理性去想盡辦法解決問題，而解決問題，往往就要從「提出問題」開始。可以說，工程師思維的核心就是會提問題。

只不過很多時候，當別人提出問題時，我們容易將其看成是找麻煩、人身攻擊。多數人都不喜歡在自己說出某個結論時被提出質疑。但想解決問題就得抑制自己的衝動、冷靜地正視對方的提問，而不是將其視作挑釁。

老劉坐在實驗室的轉椅上，一邊盤著念珠，一邊和我解釋。「可你向別人不斷提出問題，對方會反感吧？」我問老劉。「當然啊！在問了三、四個問題後，有些人會問我為什麼要針對他、為什麼不接受他的觀點，甚至覺得我挺刻薄、難對付。」

「那你怎麼解決的？」

「只能一遍遍地和對方解釋，自己的本意並不是針對誰或者故意讓人難堪，純粹是為了弄懂問題。在解釋的同時，還要不斷提醒自己保持低姿態，因為一旦你的語氣、語調或者肢體語言出現了不友好性，對方就會更加反感你的提問。」

「當別人質疑你時，你能態度很好地接受被提問嗎？」

「在這方面，我自認為還可以。因為我不太把別人的提問當成是對我的挑釁，我會首先認為對方和我一樣是想解決問題。但如果有不好的苗頭出現，我會直接問對方，現在你是想解決問題還是故意找麻煩？」

老劉說，養成提問的習慣、面對別人的提問保持良好態度的習慣應該是職業病。以前他在中科院做專案，從招標到檢驗，一個專案要接受很多評審專家的提問、質疑。作為技術骨幹或項目負責人，他的任務之一就是吞下這些問題，然後一一解釋清楚。但來美國讀博士後，跟著他的導師G，他發現提問不僅僅可以是一種職業習慣，更高級的玩法是把它變成一種人生態度。他認識的很多美國教授、專家，越是厲害的越不懼怕提問，而且他們對提問抱著歡迎的態度。

「劉」因斯坦說過，質疑精神是科學進步的動力。老劉說。老劉和我講了他的導師G是如何不懼提問和被提問的。G在老劉所研究的領域也算有頭有臉的人物了，是集物理、數學、神經學這些深奧的知識於一身的專家級學者。但他總喜歡提問，有時是懷疑的態度，有時是無知的態度。

老劉是學電學出身，剛進G的組裡不久就被G抓著問他一個關於電阻的問題。當時老劉都傻眼了，這個問題屬於碩士生程度，身為一名在這所大學創辦這個系的開創者之一，怎麼會問出這麼傻的問題。

在學問方面，G沒有任何的不安全感。他從沒在乎別人會不會覺得他是個白癡之類的事，他根本不吃這一套。也就是說，如果他不理解某個問題，他會直接問你，而不在乎自己這樣問會不會聽起來很愚蠢。他會不假思索地提出最簡單的，甚至是「弱智的」問題——在這裡，「弱智」這個詞是褒義詞。

他會對你說：「我不理解這個問題，請解釋一下。」他會一直追問下去，直至弄明白為止。「不要不懂裝懂，哪怕你是教授、專家、權威學者，也不該如此。」

G真的做到了孔夫子說的不恥下問。除此之外，G還教會了老劉要據實提問。每週開組會，G會讓他帶的三位博士生依次詳細解釋自己的實驗情況和進展。在這個環節中，G常說的一句話就是：「我聽不懂你在說什麼。」

「是因為你的英文水準問題嗎？」我問。

「不是。如果是因為英語造成的不解，他會請我再重複一遍。但當G直接告訴你『我不明白你在說什麼』時，他是真的不理解你想要表達的內容，我只好換一種方式來解釋。一開始我覺得他是不是理解有問題，還是自己的表達有毛病，後來我明白了G這樣做的原因。原來我並不是真正清楚自己所解釋的事情。G的每一次『不明白』其實是在不斷地驅使我進行深入的研究，直到我意識到自己確實還有一些不明白的東西。他透過不斷提問，迫使我進行深入思考。」

我和老劉就「如何提問」這個話題又深入談了談，得益於工程師「職業病」和受訓於海外讀博士的歷練，他總結了一套如何提問（包括被提問）的方法論。

◎提問目的：為了評價和修正自己的觀點，而非捍衛自己的觀點是「絕對、完美、無差錯的」。

◎提問心態：要讓別人明白，你的提問是為了好學上進，而不是一爭輸贏。

◎提問前的準備：吸收大量資訊。能夠提出問題或者解答問題的人很多時候都是學富五車，他們提問未必是真的一無所知，而是明白答案不僅於此。所以，平時多積累，從各種管道瞭解、收集大量知識和資訊是非常必要的。

◎提問思路：列一張屬於自己的「問題清單」。很多人不會提問，是不知道要問什麼，主要是沒有思考發問的習慣。老劉有一張「問題清單」，一開始學習提問的練習者可以參考這張單子。

1. 他的說法客觀／可信／讓你信服嗎？
2. 為什麼我要相信這個結論？
3. 理由充分嗎？
4. 哪些語句含義模糊？
5. 假設成立嗎？
6. 證據可靠嗎？
7. 資料來源自哪裡？
8. 推斷過程有問題嗎？

9. 有沒有被漏掉的信息？

10. 針對他的提法，我的其他／真實想法是？

◎分歧解決。提問與回答中一定會出現分歧和爭辯，當僵持不下時，老劉提供了一些方法能很好地緩和「衝突」，讓討論繼續深入下去。

1. 找到對方一致同意的地方（可以是結論、方法或者某一點），先回到這裡稍作休息，再找出對話中產生分歧的原點。

2. 暫停提問，先表達出你認可對方的地方，重複後再用柔和、恭謙的語言重申自己的疑問、分析。

3. 注意自己的表情和肢體動作，不要讓它們表現出傲慢和無禮。

4. 尋找中立的協力廠商加入，起到調控、平息的作用。老劉說自己總結的這套方法論是受到美國暢銷書作家尼爾·布朗（Neil Browne）《學會提問》（*Asking the Right Questions: A Guide to Critical Thinking*）裡的啟示。

他非常認可作者提出的「淘金式大腦」，裝了一個安檢系統，任何知識在進入大腦後都要先經歷一次系統的檢查。老劉說，好的提問高手總是會把一個問題留在心裡，用這個問題去開啟提問、討論、思考。這個問題就是：我有沒有可能是錯的？

在「如何提問」這個話題即將結束時，老劉的手機提示音響了。他看了一下笑著對我說：「不好意思，我得先撤了。週末是我兒子三歲生日，今天週五，他幼稚園的老師按慣例提前給他慶生，有個很小的生日聚會需要我和老婆去參加。」

我知道老劉和他老婆兩人自己在美國帶孩子，岳父岳母每年過來三個月幫忙。礙於簽證限制、老人家的生活習慣，這對雙薪夫妻多數時候要能生活自理，而且讀書、帶孩子兩不誤。老劉的兒子不到一歲就被送去了所在高校附屬的日托中心，這家日托中心不錯，但最大的問題是休假太多，在法定假日、教師培訓休假，在高校學生放春假、寒暑假時也休假（所幸暑假不是休息兩個月，而是兩週），遇上美國東部冬季特有的暴雪天，為了安全，日托中心也休假。一年有三分之一的時間都在休假。他坦言，在照顧孩子上妻子承擔的更多，但自己絕不是閒隊友，接送孩子、給孩子做飯、週末陪孩子去圖書館、週末晚上哄睡、陪孩子參加小夥伴的生日聚會、耶誕節帶孩子去迪士尼……能參與的他不會缺席。

我很驚歎，他是如何在繁重的讀博期間還能抽出時間陪孩子做這麼多事情的。老劉說，他的武器就是與時間搏鬥。

利器二 與時間搏鬥

在老劉看來，人是沒辦法與時間做朋友的。朋友是什麼？就是能在你有需要或危難時拉你一把，在你悠哉時能陪著你一起享樂的人。很明顯，時間不行。你需要時間時，它常常不知所蹤；你逍遙時，它過得風馳電掣。所以，在老劉看來，時間不可能與我們為伍，但我們又不能視時間為敵，只能與它較勁、格鬥，占得一點上風算一點。

什麼叫「與時間格鬥」？我請老劉解釋得清楚點。老劉說，他之所以能讀博士、帶孩子兩不誤，就是因為用了兩種方法與時間格鬥：時間統計法和整塊時間法。前者像一本帳目，能讓你知道自己的時間都去哪兒了，心有明鏡，才能整合利用自己的時間；後者則能讓你用有限時間從眾多事情裡專心做好最重要的那件事。第一：時間統計法時間統計法的發明者叫亞歷山大·亞歷山德羅維奇·柳比歇夫（Alexander Alexandrovich Lyubishchev），和這個名字一樣長的是柳比歇夫的頭銜、身份：他是蘇聯的昆蟲學家、哲學家、數學家、生物分類學家、生物遺傳學家、文學批評家和科學回憶錄撰寫者；他一生發表了七十餘部學術著作，這些著作在國外廣為翻譯和出版，橫跨五六門學科；他寫的各種論文和專著累積達一萬兩千多張打字稿（他生活的時代用打字機）。單從數量而言，很多專業作家都要膜拜他了。

可以說柳比歇夫是個百科全書式的人物，但他最出名的絕不止於此。在時間管理學中，有一種方法以他命名：柳比歇夫時間統計法。正是這種時間管理方法能解釋：為什麼他能橫跨研究那麼多學科？為什麼他能著作等身？為什麼他能在飽受戰爭和鬥爭的艱苦環境裡還能活到八十二歲高齡？為什麼他不看錶就能知道自己做某件事用了多長時間，且誤差不超過五分鐘？為什麼他能說得出自己五十六年來每一天都做了什麼？為什麼他在研究這麼多學科的情況下，還能不耽誤娛樂和休閒？這些都要歸功於他枯燥但卻價值無比的時間統計法。

自從了解到這位大神和他發明的方法後，老劉對他崇拜得五體投地。柳比歇夫在二十六歲時獨創了一種時間統計法，記錄每個事件的花費時間，透過統計和分析，進行月小結和年終總結，以此來改進工作方法、計畫未來事務，從而提高對時間的利用效率。

期間，他不斷完善這一統計方法，並一直沿用了五十六年，直到逝世，他從未中斷過一天，即便在他的孩子去世的那天他也堅持記錄。時間統計法其實並不玄妙，他就是每天記錄自己做每件事用了多少時間，然後分析時間、減少時間浪費，最後重新安排自己的時間。之後，他每月會進行匯總與分析、每年會進行十二個月的匯總與分析，以此來檢驗自己的工作效果、效率，進行調整、優化。

這種時間管理方法是建立在數學統計的基礎上，透過記錄每天消耗的時間，讓人們能正確認識自己的時間利用狀況，並養成管理自己時間的習慣。具體來說可以拆解為以下四個步驟。

第一步：記錄。

運用各種各樣的耗時記錄卡準確地記錄時間耗費情況。

第二步：統計。

每填完一個時間區段後，對時間耗費情況進行分類統計，看看用於開會、聽彙報、檢查工作、調查研究、走訪用戶、讀書看報等項目的時間比例有多大，並繪成圖表。

第三步：分析。

對照工作效果，分析時間耗費的情況，找出浪費時間的因素，如做了不該做的工作、做了應該由別人做的工作、做了浪費別人時間的工作、犯了過去犯過的錯誤、開會和處理人事關係時間過長等。

第四步：回饋。

根據分析結果制訂消除浪費時間因素的計畫，並回饋於下一時段。在整個過程中要遵循真實、準確、及時調整三大原則：真實是指工作現場的記錄，而不是補記；準確是要求記錄的誤差不大於十五分鐘，否則記錄就無使用價值；及時調整則是要儘快找出上一時段計畫時間與實耗時間的差，並以此為根據，對下一時段的時間耗用予以重新分配。當然，這一切的基礎是堅持！堅持！堅持！聽老劉向我介紹完柳比歇夫的時間統計法，我的第一感受是：好厲害！但我真的做不到！對很多人來說，連與生活息息相關的消費記帳都難以完成，何況是更抽象的時間記錄。

「時間統計法好是好，但操作起來太費勁，我堅持不了啊！」我和老劉說。

老劉說：「雖然做不成柳比歇夫這樣的大神，但他的時間統計法還是可以被我們借用，並改用為適合自己的時間管理工具。我改用的方法之一很簡單：統計自己每次刷朋友圈、看微信公眾號推送（除了用微信溝通工作、和家人朋友聯繫感情）耗時多久。我自認不是手機重度依賴者，對微信也不上癮，把它當作溝通工具的時間遠多於作為娛樂工具的時間。

然而，我連續統計了三天，就發現自己錯得多離譜。每次瀏覽朋友圈、打開文章推送時，我都會記錄開始和結束的時間。早上起來、上廁所、工作期間休息的二十分鐘、午飯時、走路時、忙完一天中的重要事情時、晚上睡覺前，我都會看一遍。每天我把微信作為娛樂工具打開的次數在八到十二次，總共耗費的娛樂時間達兩到兩個半小時。一天二十四小時，而微信作為娛樂工具，吞噬我的時間占比近十％，這個數字太恐怖了。」

「然後呢？你做了什麼？」

「連續統計三天後，我就做了一個決定：把每天刷微信的次數控制在三次內，固定好三個時間，每次耗時不超過十分鐘，整天玩微信的時間控制在四十分鐘內。這還是有點多，但我也只能安慰自己起碼比原來好很多，慢慢改進。至於多撈到的時間可以用來陪孩子、做做家務，總之都比對著手機螢幕強。」老劉繼續補充道：「我們不需要強迫自己像柳比歇夫那樣精細記錄自己的分分秒秒，但你掌握了這種方法，就能幫助你搜索到那些被浪費的時間。然後找出這個時間，讓它變得更有價值和意義。這就是時間統計法對我們普通人的作用。」

第二：每天擁有整塊時間的必要性。老劉與時間格鬥的第二個方法，就是每天找到一個整塊時間，通常一～三小時，用它去做一天中最重要的一件事。因為不同的社會角色（對老劉來說是學生、助教、老公、父親）而承擔了不同的責任與工作，加上各種社交工具的影響，時間碎片化是在所難免的。老劉認為，時間碎片化有它自己的意義存在，能夠充分利用可以事半功倍。

但一天中最重要的那件事——無論是給小老鼠做腦補手術、讀重要論文，還是陪孩子——一定要用整塊時間來完成。所謂「整塊時間」就是每天用一～三小時去做一天中最重要的那件事。

你不是去「找時間」「抽時間」或「擠時間」去做它，而是要把它寫在顯眼的地方提醒自己，關掉網路，盡可能不對外界事物做任何反應，專注做這件事。

為什麼整塊時間如此重要？「心流」這個概念我們早已不陌生。這個概念的提法最初源自美國心理學家米哈里．契克森米哈伊（Mihaly Csikszentmihalyi），他在觀察藝術家、棋手、攀岩者及作曲家等時發現的。這些人在從事他們的工作的時候，幾乎是全神貫注地投入工作，經常忘記時間，忽略對週遭環境的感知。

米哈里認為，這種由全神貫注所產生的心流體驗不僅是精神上的一種最佳體驗，在成事效果上也是最好的。想要進入心流狀態，利用碎片時間很難實現，而整塊時間是基礎。從成事效果更好的角度來看，這是我們需要整塊時間的第一個理由。其次，老劉還從腦神經學科的角度，向我解釋了整塊時間的必要性。

「我先跟妳說兩個關於大腦的事實：第一個事實是，我們常常把大腦比喻成控制自己的『老闆』，其實並不準確。大腦中的注意力才是真正的大老闆。大腦的注意力系統讓我們可以感知、選擇並引導大腦的資訊處理能力，使我們專注於所有資訊中特定的一部分。我們可以把注意力想像成大腦的指揮官，我們的注意力去往哪裡，大腦的其他部分就跟到哪裡。

第二個事實是，在二〇一〇年，哈佛大學的研究人員曾開展過一項研究，他們請兩千兩百五十名成年人在一個iPhone的應用程式中記錄下自己每日的想法與行動，並將最終研究成果發佈在《科學》（*Science*）期刊上。研究表明，人腦有四十七%的時間在神遊，這種神遊又常常會誘發不愉快的情緒。而造成我們神遊的主要原因是外界干擾和壓力。

「我們因為壓力、外界干擾等因素造成了近一半的『腦浪費』，讓大腦做白工，所以我們應該找到一個方法去控制、減弱這種浪費。當下流行的冥想、正念訓練等，雖然其效果還有待科學驗證，但殊途同歸，目的都是讓你在一個較長的時間段裡，把注意力集中在當下，從而更好地去恢復精神、讓大腦高效運轉。學會適應整塊時間並用它做事，就是在幫助自己訓練大腦的專注力。」

「整塊時間」這個概念讓我想到了管理學之父彼德・杜拉克（Peter Ferdinand Drucker）曾說過的一句話：「時間如果能集中，即使只有一個工作日的四分之一，也足夠辦理幾件大事；如果時間被分割成許多段，就等於沒有時間，零零碎碎的時間加起來，就算總數有四分之三個工作日，也是毫無用處。」老劉的時間觀之一是：在整塊時間裡，專心做好最重要的那件事，就是在節約時間、珍愛生命。

和老劉認識越久，你會發現這個年過三十五歲的中年男居然一點都不油膩，而且也沒弄丟那顆赤子之心。他沒有發福的大肚子，沒有讓人堪憂的髮際線，也不會隨便給年輕人「上課」、講道理。反而，他對很多事情充滿孩子般的好奇心，想追蹤外星人、想知道麥田圈的真相、會被熱血動畫裡的男主角感動。無論怎麼看他，他都像個大男孩。

我和老劉的妻子關係也很好，我們誠摯地展開了一場中年婦女水準的談話：「妳家老劉看起來就像個大男孩，這會讓妳操心嗎？」

「完全不會。如果讓我說他最大的優點是什麼，我首推靠譜。和這樣的男人生活在一起會有底氣。」老劉的妻子一臉幸福。

「怎麼算靠譜？一起帶孩子？做事認真？」我問她。老劉的妻子想了想，告訴我：「凡事都有備選是老劉靠譜的最大表現。」

她隨便說了一件老劉靠譜的小故事。兩人剛結婚後，出去旅行，拿行李時她發現機場把自己的行李箱弄丟了。花了一番工夫後，得到的答覆是：找到會即刻聯繫歸還。證件都在老劉那裡，問題不大。唯一的小問題是，老劉的妻子是極易過敏體質，她穿的內衣褲都是「特殊」防過敏型的，不太容易買到。而且他們剛到一個陌生的城市，坐了好幾個小時飛機，又是炎熱的夏季，兩人找行李在機場折騰了半天，已經筋疲力盡，只想儘快到飯店沖涼、休息。

洗澡前，老劉從自己的行李箱裡拿出一套老婆的內衣褲，說：「知道妳皮膚容易過敏，每次出遠門，我都會在自己的行李箱裡備一套妳防過敏的內衣褲，沒想到這次用上了。」

老劉的妻子告訴我：「我們家所有的重要文件、保險卡等東西，他都會備一份影本，防止丟失補辦或官方需要查看時使用。每次去醫院預約，掛號卡他都會拍照存檔，然後設置提醒。就算忘了提醒，他隨手翻翻手機照片存檔也能看到。帶孩子出去旅行也是一樣，有正常攻略，也有『以防萬一』的備用計畫攻略。有時你會覺得麻煩，不過一旦某次你在陷入麻煩中用上了，就會知道不虛耗時。」

之後，在一次小團體聚餐中，我問老劉是不是搞科研的人都喜歡來個備用計畫，他說，不知道是不是別人都如此，但他自己真的喜歡制訂備用計畫，讓人安心。

利器三　2=1，1=0，始終有備用計畫

「2=1，1=0」這句話是某次老劉從一位海豹突擊隊軍官的採訪中得知的，這句話很直白，是說一定要有後備計畫。假如某樣東西你有兩份，這樣萬一其中的

一份被毀掉或丟失了，那麼你手裡還能剩下一份；但假如你只有一份，而這份被毀掉或丟失了，那你將一無所有。

這個想法與老劉的習慣不謀而合，而這個習慣的養成可能和老劉曾經是一位工程師有關。

「身為做專案、產品的工程師，我必須消除工作中出現的『單點故障』。單點故障是指，系統中一旦失效就會讓整個系統無法運作的部件。換句話說，單點故障就是整體故障。」

老劉說，無論是設備、計畫還是辦法都要有備用的，才能確保在緊急狀況出現時有機會翻盤。二〇一八年年末，美國加州前州長、著名演員、導演、製片人阿諾·史瓦辛格（Arnold Schwarzenegger）發表了一段時長達十二分鐘的演講，在網站上點擊率過億。演講內容充滿激情，阿諾在裡面提到他個人討厭備用計畫，他說：「每一次你想備用計畫，你的想法和能量會從你的計畫和目標上分散。在體育和其他事情上，沒有備選計畫的人表現得更好。人們喜歡備用計畫的真正原因是害怕失敗。」

這話不是沒有道理。有時候，擁有一個讓人安心的備用計畫可能會磨損我們在原計畫中的初衷和決心，讓你覺得「再壞也壞不到哪去」。抱有這種想法是不可能勇往直前的。如果你做的備用計畫讓你產生了這類過於安心的想法，那就需要檢查一下了。不要把備用計畫當成給自己留的一條後路，而是確保它符合以下二者其一：

◎實現一個新的目標，雖然和最初目標不同，但也是「不相上下」讓你滿意的；

◎和最初目標一致，都是為了達到更高層次的那個最終目的。

小結

利器一：懂得提問的價值，學會提問提問目的

為了評價和修正自己的觀點，而非捍衛自己的觀點是「絕對、完美、無差錯的」。

提問心態：要讓別人明白你的提問是為了好學上進，而不是一爭輸贏。

提問前的準備：吸收大量資訊。

提問思路：列一張屬於自己的「問題清單」。

提問中分歧的解決：

1. 找到雙方一致同意的地方（可以是結論、方法或者某一點），先回到這裡稍作休息，再找出對話中產生分歧的原點。
2. 暫停提問，先表達出你認可對方的地方，重複後再用柔和、恭謙的語言重申自己的疑問、分析。

3. 注意自己的表情和肢體動作，不要讓它們表現出傲慢和無禮。
4. 尋找中立的協力廠商加入，起到調控、平息的作用。

利器二：與時間搏鬥

1. 時間統計法的四個步驟：記錄、統計、分析、回饋。時間統計法的三大原則：真實、準確、及時調整。
2. 每天找到並用好整塊時間。每天找到一個整塊時間，通常一～三小時，用它去做一天中最重要的一件事。

利器三：「2=1，1=0」，始終有備用計畫

1. 實現一個新的目標，雖然和最初目標不同，但也是「不相上下」讓你滿意的；
2. 和最初目標一致，都是為了達到更高層次的那個最終目的。

思考與練習

❶ 找一段訪談、講演或課程，按照「問題清單」上的十個問題去提問、回答，看看自己是否搞懂內容。

❷ 嘗試用「時間統計法」去做時間管理，記錄自己每天在每件事的時間開銷，一週後檢視自己在哪裡花最多時間，看看有哪些時間花銷是可以減少或避免的，然後按照調整後的生活方式再記錄一週，對比自己這兩週的進步。

❸ 思考目前對自己生活上最重要的兩至三件事，如儲蓄、戀愛、進修等，看看每件事是否有緊急情況發生時的備用計畫。

CHAPTER

03

面對挫折，敢於破局

我和克萊兒的相識緣於一次採訪。那時，我要寫一篇關於ＨＰＶ（人類乳突病毒）疫苗在國內普及情況的文章，文章的一部分內容涉及美國女性群體對該疫苗的看法和接種情況。我請朋友幫忙推薦身邊適齡的女性讓我採訪，克萊兒就是其中一位。

克萊兒給我的第一印象是瘦，是那種女明星刻意為之才會有的瘦。如此瘦弱的身體，難以想像她是如何在四年內完成了繁重的博士學業，並在一個月前剛剛獲得哈佛醫學院博士後的工作。

我原本只是打算問幾個關於ＨＰＶ的問題，但在閒聊中得知克萊兒身體瘦弱的原因，她小時候患有小兒痲痺，曾在輪椅上度過一段時間。雖然後來痊癒，但體質一直孱弱。聽她講到這裡，出於禮貌我說了聲抱歉。克萊兒咧嘴一笑：「不，千萬不必為我感到抱歉。妳知道得小兒痲痺這段經歷我有多幸運嗎？第一，我以後不必為長胖這件事擔心了。第二，如果不是這段經歷，我不會在小時候就確立非常清晰的人生目標，自然也就不會有讀博士、上哈佛這些經歷了。」

這就是克萊兒，一個能把得病也視作好運的女生。於是，我和克萊兒的交談從HPV疫苗轉到了她的故事。

「妳能相信我運氣有多差嗎？雖然接種了脊髓灰質炎疫苗，但還是在四歲那年得了輕度小兒痲痺症，這種極小概率事件都能讓我碰上。所以，從四歲到五歲那一年，我有一部分日子是在輪椅上度過的，幸運的是，後來被治癒了。」

「妳博士期間的研究方向是智慧輪椅，這跟妳小時候患病期間坐輪椅這段經歷有關嗎？」我問她。

「當然！妳無法想像讓一個本該活蹦亂跳的四、五歲孩子坐在輪椅上有多痛苦！看著別的孩子在外面到處亂跑、打球、下水嬉戲，而我連走路去上廁所都不能隨心所欲，還得讓父母幫忙。現在回想起來，輪椅對那時的我而言就是一個監獄，除了最基本的代步功能外一無是處。那時我就想，如果坐在輪椅上我能不用雙手，讓它自動前進就好了，甚至再聰明點，讓它幫我翻書，還可以一起和別人玩遊戲就更好了。」

「妳說的一些功能現代智慧輪椅都已經實現了，像霍金用的那款輪椅幾乎可以執行所有高級的指令，完全就是智商很高的機器人。」

「對，但霍金的那臺輪椅造價超過六十萬美金，普通人是不可能享用到的。現在稍帶點智慧功能的輪椅價錢都非常高，動輒四、五萬美金，普通人也負擔不起。而我做的工作就是將智慧輪椅模組化，用演算法替代輪椅上的硬體，從而降低生產成本，讓病患都能用得起。」

說起輪椅的實驗研究，克萊兒談得津津有味，但一連串的專業名詞從我耳邊飄過時，我有點坐不住了。畢竟我不是她的同行，也不是投資商，比起瞭解如何製造一張成本低廉但功能齊全的輪椅，我更想知道克萊兒是如何走到今天這一步的。我本以為，讓她勇於攀登科研高峰的貴人應該是她的父母、家人或老師之類的人，沒想到是一個完全沒有血緣關係，甚至連面都沒見過的人，堅定了她的決心。

這個人的名字叫尼古拉斯．麥卡錫（Nicholas McCarthy），是一位英國職業鋼琴演奏家，他的成就可能不及當代的鋼琴大師們，但有一點是大師們所比不上的——尼古拉斯天生沒有右手，他的鋼琴演奏完全只靠左手完成。

這位被稱為「單手傳奇」的鋼琴家已經在世界各地演出近十年了。

克萊兒的父親是英國人，有一年他們全家回英國度假，她從當地的報紙上讀到一則新聞，報導皇家音樂學院錄取了一位特殊的學生尼古拉斯．麥卡錫。他生於一九八九年，生來就沒有右手，十四歲開始學習彈鋼琴。報導上寫，過去有很多人跟他說：「你沒有右手，還錯過了學鋼琴的最佳時間，永遠都不會成為一名鋼琴演奏家的。」後來，事實證明，這些不看好尼古拉斯的人錯了。

克萊兒說：「當時我的小兒痲痺症已經痊癒幾年了，我在內心萌發過要製作更酷的輪椅的想法，但也僅停留在白日夢的階段。我父母是教文科和藝術的中學老師，全家沒有一位工程師，所以我受到的科學啟蒙很有限。而製作更酷的智能輪椅意味著妳要有很扎實的理工科知識、要讀到比較高的學位、要接受好幾年艱澀枯燥的專業訓練，還未必能成功。我不確定自己能完成這些。

尤其當時，在我讀書的時候總有『女生學不好數學的』、『女生難成為科學家』這些讓人沮喪的聲音冒出來。所以我相當懷疑自己的理想。」

「但尼古拉斯．麥卡錫讓妳有了自信？」我猜測了一下。

「對。當時我讀完這則新聞，被照片上獨臂的他震撼了。雖然我小時候聽過不少身殘志堅的英雄故事，但當妳看到有個比妳大不了多少，卻突破身體極限達成所願的平凡人出現在現實生活中時，那種震撼非常強大。我當時就想，作為一個曾經「殘缺」過、後來痊癒的人，我還有什麼好害怕的？尼古拉斯讓我明白，永遠不要害怕做自己能力所不能及的事！」

這是克萊兒從尼古拉斯身上學到的，也是她人生前行路上的第一個利器。

這些年來克萊兒一直關注著尼古拉斯的新聞。二〇一二年，他從著名的倫敦皇家音樂學院畢業，成為皇家音樂學院一百三十年歷史中唯一一位從該校畢業的單手鋼琴家；他已經在全球各地演出多次，其中包括同酷玩樂隊（Coldplay）一起演出，面對現場八萬六千名觀眾和全球五億名電視觀眾演奏殘奧會會歌；他在全球發行了第一張專輯，並獲得了廣泛讚譽。

利器一　永遠不要害怕做你能力所不能及的事！

恐懼，是人的本能。在遠古時代，恐懼是人類自我保護的一種生理機制，它被視為一種有益的、正面的情緒。但到了近現代，恐懼被多數人解讀成一種消極的、不利的情緒。克萊兒認為，究其原因是現代人把恐懼當成了「放大鏡」，無限放大了可能出現的後果。

「妳從青少年時代就開始『無所畏懼』了，這真的很了不起。」

「我不是無所畏懼，我只是在面對恐懼時會動用一套機制來幫助自己克服恐懼。」

克萊兒向我介紹了她的這套「恐懼克服」大法，可以分解為四個步驟：

◎第一步：面前這個令自己害怕的問題，如果按照危害、危險、風險三個等級來劃分，屬於哪個等級？

危害：一定不能碰的東西，碰了會傷及生命、精神，如玩火、和已婚人士戀愛、一邊開車一邊打電話等。

危險：在掌握特定技能後可以嘗試的，如跳傘、潛水。

風險：小心應對就可以控制在安全範圍內的，如經濟承受能力範圍內的投資、去陌生的地方旅行。

如果確定是危險和風險級別的，說明可以應對，可以接下來看第二步。

◎第二步：問自己恐懼的原因——是害怕失敗還是害怕別人的評價？

害怕失敗和害怕別人的評價，通常是令我們恐懼的兩個原因。比如：想跳槽但又害怕找不到工作、靠父母接濟、還不起下個月的房貸；想申請頂尖大學或更好的職位，但又擔心旁人說自己不自量力。可有時候，我們為人生做出的一些選擇充滿高風險，卻不會感到恐懼，漫不經心地就做了決定。比如：害怕主動跟別人搭訕、對心儀的人告白，卻願意將就結婚；害怕辭掉一份不適合的工作，但卻願意在一個毫無意義的工作崗位上耗掉大半生。

可見，我們的恐懼在多數時候都是不理智的。

斯多葛學派的哲學家塞內卡（Seneca）曾說過，「折磨我們的往往是想象，而不是真實」。這是對恐懼最一針見血的解讀。

所以，讓自己平靜下來，理智地問自己一個簡單的問題：失敗時，我失去了什麼？一份工作、一份薪水、一個不適合做朋友的人、一個改變自己命運的機會……但當你不付諸行動時，這些看上去「完好無損」的事物與人，真的能讓自己的人生更上層樓嗎？

◎第三步：用正面積極的角度看待恐懼。

克萊兒說，有個人改變了她對恐懼的看法，教她用更加積極、正面的眼光去看待恐懼這件事。這個人就是卡倫．湯普森．沃克（Karen Thompson Walker），她讓克萊兒明白，我們可以將恐懼視為一種智慧。

卡倫是美國暢銷小說作家，她從自己寫作的經歷出發，認為恐懼如果得到正確的解讀會變成一種智慧。

卡倫說，當我們把恐懼看作一個「故事」，投入到其中，不要迴避自己的恐懼，而是認真解讀並研究恐懼，然後把恐懼轉換成準備和行動。這樣，如果最壞的事情發生了，我們也是有所準備的。如果我們都試著解讀自己的恐懼，我們就能少被其中的一些幻象所迷惑。我們也就能少花一點時間為系列殺手或者飛機失事方面的事擔憂，而是更多地關心那些悄然而至的災難：動脈血小板的逐漸堆積、氣候的逐漸變遷。

用正確的方法解讀，我們的恐懼就是我們的想像力賜給我們的禮物，借此一雙慧眼，讓我們能管窺未來，甚至影響未來。

恐懼和我們認為的沮喪、生氣、低落、悲傷等這些情緒一樣，看上去帶著消極的樣子，其實都有著積極的意義。正是因為它們的出現，才讓我們意識到自己內心的狀況和問題，或者讓內心找到一個宣洩口，把堵塞的情緒都排解出來，好讓我們繼續順暢地生活下去。

◎第四步：「我做了一件失敗的事，但那不等於我是失敗的。」

史丹佛大學心理學教授卡羅爾·德韋克（Carol Dweck）提出的成長型思維和固定型思維理論在全球得到很多人的認可。擁有固定型思維模式的人認為，無論嘗試任何有意義的方式，一個人的性格、智力或者創造力都是天生的。一個人想要獲得成功，也與天生的智力息息相關，努力獲取成功或避免失敗成了這些人畢生追求的目標。而且，他們一旦失敗，就會自怨自艾，一蹶不振。擁有成長型思維模式的人，他們樂於接受挑戰。這類人遇到挫折通常不會怨天尤人，而是把這次失敗作為成長的跳板，積極地去擴展自己的能力。

非常恐懼失敗、恐懼別人評價的人其實就是帶著固定型思維，把自己沒做成功的事等同於自己失敗。這種想法很普遍且看上去有邏輯：如果我做事失敗了，就意味著我不夠聰明……這裡面，我做的事「就代表著我自己」。

我問克萊兒：「這有什麼問題嗎？我沒成功的事，的確就是我自己的失敗啊！」

克萊兒說：「這種想法其實是大腦不喜歡分析複雜細節的本能所致，將一切事物盡可能簡化、總結。就好比妳數學考試考了滿分，人們通常會說『妳數學真好』、『妳好聰明』。但數學考滿分（尤其是不常發生時）和數學好、聰明只有相關聯繫，並不一定有因果關係。然而，我們不會做如此細緻的區分。妳數學考滿分的唯一事實是：妳是一個在某年某月某日考了數學滿分的孩子。至於是否擅長數學、聰明，還需要得到長期的、一系列的驗證。不應該將這兩者混為一談。」

克萊兒告訴我，如果我們能釐清一件事做失敗了，不等於自己是失敗的，就是在用成長型思維模式來思考問題、看待自己。

我的智力是可以增長的，如果我做事失敗了，就意味著我又學到了新的東西，這裡面「我做的事」並不代表「我自己」。而擅用這種思維模式的人面對恐懼會勇敢很多，因為他們不是將恐懼視為結局，而是視為進步的必經之路。

克萊兒非常崇拜美國總統富蘭克林・羅斯福，她說羅斯福是一位真正的勇士。羅斯福曾說過一段話，很好地解答了我們為什麼不該恐懼失敗、不該恐懼別人的看法。他說：「榮譽不屬於評論者，也不屬於那些坐在一旁對做事人指指點點、品頭論足的人。榮譽歸於競技場上的人，他的面容被塵土、鮮血和汗水所模糊，他驍勇無懼，卻也不斷犯錯，他一次又一次地失敗。因為只要努力，就會犯錯，就會暴露缺陷。他實實在在地在奮鬥實踐，他對事業充滿熱情，全情投入，他毅然投身於有價值的事中。當他站在競技場內，至好他能獲勝，至差他會戰敗。

但是，當他失敗，他失敗得如此無所畏懼。那些冷漠而膽小的靈魂既沒有機會瞭解勝利，也沒有機會瞭解失敗，他們將永無和他相提並論之日。」

不逃避恐懼、不被恐懼控制，同時還能讓恐懼成為自己進步的動力，這就是克萊兒「不害怕做自己力所不能及的事」的祕密。

利器二 學會從長計議

當妳能夠用上述的態度和方法去面對因為恐懼而被卡住的困難時，接下來要做的就是像孩子一樣去付諸實踐。孩子想做一件事時總是無所顧忌的，我們需要這種精神，但在無所顧忌的同時要加一點理智和智慧，那就是從長計議後再開始無所顧忌。

克萊兒又和我談到獨臂左手鋼琴演奏家尼古拉斯的故事。

尼古拉斯在一次採訪中曾說過：「當時我的老師是這樣說的：『妳不應當成為一個取悅觀眾的小丑，尤其不能做電視選秀的參賽者，那些都只是曇花一現……』我很慶幸自己接受了她的建議，因為我本可能成為那種所謂的達人，在一兩年的時間裡快速賺到一大筆錢。那樣的話，我肯定無法得到今天作為真正的鋼琴演奏家所得到的尊重，肯定不會有自己的事業，不會一直有機會去世界各地演出，未來也不會在自己六十多歲的時候還繼續從事著這份職業。」

克萊兒說，這段採訪也影響著她，讓她明白不要利用自己身上的特殊之處去走捷徑，或者賺取「綠色通道的門票」，而要踏實把真本事練好。最苦的路往往是真正的捷徑。

「我在申請學校、項目或者參加比賽時，從來不會提及我曾經是殘疾人這件事。在美國，如果妳稍微帶一點『弱勢群體』的特質，是非常容易得到便利的。我不是說向別人展示自己的傷痛不好，這只是個人選擇，妳可以打開心扉，也可以選擇什麼都不說。我選擇後者，是因為我對自己的意志力沒有足夠的信心，我擔心便利來得太容易，消磨了自己應該付出的努力。」

克萊兒說她更願意像尼古拉斯那樣，認真走好每一步來獲取成就。這需要一個人有足夠強大的意志力去抵禦誘惑（畢竟一條捷徑就在眼前），以及有清楚的頭腦去從長計議自己要走的每一步路。

我問克萊兒：「妳所謂的從長計議是定目標、列計畫嗎？像很多人會做的那樣：清晰目標、明確重點、落實計畫、調整優化、合理獎懲，把每一步都落實貫徹。」

「妳說的是做計畫的方法，這確實是我需要做的，但我指的從長計議不僅僅只是做這些，而是學會用長路徑思維方式來計畫事情。」

長路徑思維方式是由美國人阿里・華萊士（Ari Wallach）提出的理論，他畢業於柏克萊大學，是一位未來主義者，也是一家戰略諮詢公司的創始人，致力於通過制訂長遠計畫、戰略為個人、商業組織、政府機構和非營利組織服務。

阿里認為，人不應該只懂得用短視思維去考慮問題，雖然長路徑思維並不是個一勞永逸的做法，但只有當我們擺脫在思維模型和思維地圖上的短視時，我們才可能見證美好的來臨。

長路徑思維方式其實就是教我們如何做好長遠規劃。克萊兒透過自己的例子向我們介紹了長路徑這種看上去有點抽象的思維方式，有三種方法。

第一種：學會跨代際的思考

克萊兒說她是一個喜歡異想天開的人，年紀輕輕就喜歡問自己一些很「沉重」的問題，比如：我來到這個世上一趟，能為這個世界做點什麼？將來我是否會給這個社會產生一些影響？我的子孫後輩如何看待我？我能為他們樹立一個什麼樣的榜樣？

這可能與她小時候翻爸爸書櫃上的那些哲學書有關。柏拉圖、蘇格拉底、哈伯瑪斯、黑格爾讓她看到，人是可以跨過吃喝拉撒、柴米油鹽這些日常生活中的小問題去問一些更大的問題，這就是跨代際的思維方式——瞄準倫理、準則性問題向自己發問，不斷擴展對這些問題的看法，最終明確你在解決它們的過程中扮演的角色。這有點像一鏡到底的長鏡頭，只有把視角拉得足夠遠，才能對全貌有更全面、清晰的認識。

第二種：面向未來思考

面向未來的思維方式更接地氣，主要用十年、十五年的尺度去思考自己的未來，或者乾脆跳出現在的軌道去思考未來，在腦海中描繪出願景。

比如我自己想像一下：讀完博士，我是更願意再花五～八年的時間去讀博士後、找高校教職，然後安安穩穩、心無旁騖地在校園裡從事我的智慧輪椅研究；還是畢業後直接衝到行業的前線去了解最新的行情、趨勢、市場，參與競爭、說服投資人砸錢，甚至加入一個酷炫但初創不穩定的團隊，不成功便成仁？十五年後，我還想繼續研究這個方向嗎？有沒有別的備選課題是我可能感興趣的？或者，乾脆我不做科學研究了，還能去做什麼來完成兒時發明更酷的輪椅的理想？面向未來的思考不僅限於時間長度，還可以是對空間、當下生活寬度的擴展思考。

第三種：目的論思維

目的論思維方式就是在一些節點處暫停一下，問自己「現在是什麼狀況？」，去審視自己目前實現短期目標的狀態和成果。要變成那個未來的我，現在的我可以做些什麼？每隔一段時間或者完成一件重要事情時，就問自己：怎麼樣了？還差多遠？

克萊兒說，大多數人都喜歡制定短期目標，這很有意義，因為它更落地、容易有結果。但如果不學會從長計議，只考慮眼前的一畝三分地，漸漸地就會失去把握未來、超越當下生活、解決大問題的能力。就像一個從來不重視自己健康的人，當他面臨重大疾病時，除了慌亂和絕望，鮮少會有什麼作為。

從長計議會迫使我們去思考那些雖不緊急但很重要的問題，而思考這些問題、找出解決辦法、踏實走好腳下的每一步，才是過好自己一生的方法。

在和克萊兒聊天的過程中，我能強烈感受到她的樂觀。很多在常人看來倒楣的事，她都能用另一種態度去解讀。比如，將兒時患病的經歷視作一種好運；把和相戀五年的男友分手視為「終於可以和科研談一場一心一意的戀愛了」；把疼愛她的奶奶的過世看作「奶奶覺得人間沒意思、不好玩了，所以離開了」。

我們都知道凡事有好壞兩面，但真正能看到兩面，並堅持用積極的一面去取代陰暗那一面的人太稀有，而克萊兒絕對是來自樂觀星球的人。

我問克萊兒，是兒時身陷殘疾又康復的經歷讓她擁有了強大的樂觀精神嗎？克萊兒說肯定是，人其實很容易知足，行走這麼簡單的事，只要失而復得一次，就能心懷感激一輩子。除此之外，她家人樂觀、積極、正面的人生觀也影響著她，或者說被她傳承。我想，這是長輩們遺傳給後代的一份大禮，也是克萊兒的第三樣利器。

利器三 身處黑暗，心向光明

克萊兒和我講了一件她媽媽的小事，從中能看到這家人真是用生命在樂觀。她的媽媽成年後和很多美國孩子一樣去考駕照，但考了兩次路考都沒通過。她所在的那個州有規定，路考三次不過，就要等半年後再考，而媽媽和同伴們約好了三個月後要去自駕跨州旅行，算是送給自己的高中畢業禮物。媽媽的同伴們都很沮喪，認為這次自駕遊要泡湯了，考慮是不是多打一份工賺錢買機票。她媽媽卻說：「妳們應該為我感到高興，我寧願再考一百次，也不願意因為駕駛犯規被交警抓住，或者在高速公路上犯錯誤開車撞到別人……我實在想不出一個負面的理由，說明沒有通過駕照考試是一件壞事。」

我的家人從來不認為自己的生活中有真正糟糕的事，那些「壞」的事情一定有它存在的合理理由，它們只是暫時的。把問題找出來並解決掉，壞事就會變成正常的好事。就像我很喜歡的一位美國編劇艾倫·布倫內特（Alan Brennert）說的「身處黑暗，心向光明（Surrounded by darkness yet enfolded in light）」。

小結

利器一：永遠不要害怕做你力所不能及的事！

恐懼克服大法：

◎面前這個令自己害怕的問題，如果按照危害、危險、風險三個等級來劃分，屬於哪個等級？

◎問自己恐懼的原因：是害怕失敗，還是害怕別人的評價？

◎用正面積極的角度看待恐懼。

◎我做事失敗，不代表我這個人是失敗的。

利器二：學會從長計議

◎跨代際思維：學會問自己大問題。

◎面向未來思考：延伸時間的長度和空間以及當下生活的寬度去思考。

◎目的論思維：在一些節點處暫停一下，問自己「現在是什麼狀況？」。

利器三：身處黑暗，心向光明

生活中糟糕的事情有它存在的合理理由，而且它們只是暫時的。可以把問題找出來並解決掉，壞事就會變成正常的好事。

思考與練習

❶ 寫下令你恐懼的幾件事，然後追問自己是害怕失敗？還是害怕別人的評價？或者有其他的原因？

❷ 寫下自己曾經失敗的事，回憶自己當初是什麼感受？用現在的視角看，你又是如何看待這次失敗的？是否還像你當時想的那麼嚴重？

CHAPTER

04

把事情做到極致

菲爾是位奇人，如果你看過他的書包裡的物品後，會和我發出一樣的感慨。如果菲爾開始拉開書包，你將會看到以下這一幕：他會先拿出一本書和一本筆記本，接著拿出一個尺寸偏大的透明筆盒，裡面整整齊齊排放著七、八支筆，按照記號筆、鉛筆、油筆分門別類排好，而不是像我們小時候用鉛筆盒那樣，把所有筆都堆放在一起。在筆盒的右下角還有一個小格子，裡面放著大小正好的橡皮擦。接著，他又拉開書包的另一個拉鍊，取出筆記型電腦。筆電被裝在一個深米色的電腦袋裡，在袋子的外層，他又掏出了滑鼠。

然後在書包某個固定的角落裡還裝著一個半透明的小盒子，這是一個用三個小盒子連在一起的小儲物盒，每個盒子裡裝著不同的零食，有堅果、巧克力豆和口香糖。在這個半透明的小盒子旁邊還放著一個更小的盒子，是藥物專用盒，打開它的蓋子，裡面被分成兩塊區域，裝著不同的維他命。

我有理由相信，普通人的書包是書包，菲爾的書包是個小世界。

在這個小世界裡，一切都按照長度、尺寸、大小、類別進行佈置和放置，包括電腦電源線繞幾圈。如果菲爾能認識美劇《生活大爆炸》（*Big Bang Theory*）裡的薛爾頓（Sheldon），兩人在物品整理這塊應該會相談甚歡。

菲爾是土生土長的美國人，正在攻讀電子工程學博士學位。他和老劉一起上過幾門專業課，兩人有相似的專業背景，都是在工作幾年後辭職讀博士。這些類似的背景讓他們更有共同語言。靠著老劉的關係，我對菲爾的瞭解也越來越多。

菲爾是我認識的博士裡對學術不感興趣，但對未來走什麼路又想得很清楚的人。

大部分讀博士的人畢業後首先想去高校工作，做兩三年（甚至更長時間）博士後，進入一所高校留任，從講師做起，到副教授、教授，取得終身教授職位，這是一條最傳統的科研道路；或者去研究所、大公司的研發部門從事研發工作。無論在什麼樣單位工作，博士生想從事的工作都是圍繞「研究」一詞。每個寒窗苦讀多年的博士，誰不希望在攀登科研的高峰上為人類或世界留下點成果呢？

但菲爾不同，他是我至今遇到的唯一一個說「自己不適合做科研，但必須要拿下博士學位」的人。我之前問過菲爾，何必自討苦吃，既然知道自己不適合做研究，為什麼還要踏上博士這條「不歸路」？很多業內人士認為，從事工程類工作是沒有必要去讀博士的，況且菲爾之前在高通這樣的大公司已然做得四平八穩，我實在想不出他拋棄高薪、安逸，花費四、五年的艱苦時間拿下一個博士學位的必要性。

菲爾說：「我讀博士的初衷很簡單，因為我想在高校當老師，不是做科研的那種教授，而是單純授課型的老師，博士學位是我取得這份工作的敲門磚。」

為什麼想教書育人？這個志向還得從菲爾小時候是一位「學習障礙」的兒童說起。美國聯邦教育署對學習障礙的定義是，個體在涉及理解或運用語言（口頭或書面語言）方面的一種或多種基本心理過程出現的失常。這種失常可能表現在聽、想、說、讀、寫、拼音或數學計算方面的能力不足，但不包括視覺、聽覺或運動系統缺陷和智力落後。

「我剛進小學時就被確診為學習障礙，感覺文字總是在我眼前跳舞，我不理解文字所要表達的意思；寫字時我經常顛倒或是拼寫不全。雖然大家都說『沒關係，配合治療和開辦的特殊教學，你會恢復正常的。』、『你不是一個人，現在有很多小朋友都被確診為學習障礙』，但『問題兒童』的帽子總是扣在你的頭上，小朋友吵起來難免會拿這個說嘴，老師對你的溫柔是出於同情而非喜歡。所以我的童年過得不太好。」在某次一起吃午餐時，我們聊起他不愉快的童年。

「啊，如果你告訴我一個學習障礙兒童未來能進入高通這樣的世界著名企業，並且還能進入美國公立常春藤之一的高校讀博士，這也太不可思議了！」

我倒是沒被貼上過「學習障礙」的標籤，但和菲爾相比，我覺得自己更像「學習障礙」患者。我和他說：「你一定要和我說說你這一路走來的勵志故事。」

「哪有什麼勵志故事，不過是碰到了一位好老師，改變了我對自己的評價。」菲爾露出溫暖的笑容，接著說，「自從被確診後，我非常沒有自信。每當我想努力學點新東西時，內心深處總會有個聲音告訴自己：別費勁了，你做不到的。所以，我一直用很消極的態度在學習。後來，特殊教學班裡一位名叫艾瑞克的老師改變了我。有一次上課時，他見我再次心不在焉，就停下教學，看著我說：『菲爾，我要和你認真談談』。我帶著那種『你談你的，我無所謂』的表情看著艾瑞克。但那場交談徹底改變了我。」

「這位艾瑞克老師到底和你說了什麼，有這麼大的魔力？」我迫不及待地問菲爾。

「他說：我要和你道歉，很抱歉你正在被特殊對待。要知道，也許有問題的不是你，而是我們的教學。不是你有學習障礙，而是我們的教育系統有教學障礙。許多小孩子被貼上學習障礙的標籤，但實際上他們是超級學習者，只不過他們在學習上的超能力被一些其他方面的缺陷抵消了，而老師們解決不了他們真正的問題。要知道，僅僅透過學校和一些所謂被認證過的人，也就是老師來斷定一個孩子的學習能力，是非常狹隘的。你是一個非常聰明的孩子，我希望你能找到非常規的方式來證明那個『學習障礙』的標籤是錯誤的。」菲爾一口氣流利地說完了這段話。

「我想這段話一定對你意義非凡，過去二十多年了，你居然還能記得這麼清晰。」

「是的。當時的我先是被震撼，然後被感動，回到家，我憑著自己的記憶把這段話寫在日記本上。這麼多年來，每次我在求學的路上遇到困難時，都會翻出這段話，讓它幫我越過這道坎兒。」

「事實證明艾瑞克老師是對的。」

「我不知道他的判斷是對的，還是那段話對我產生了神奇的影響。總之，我開始接受學習這件事，並且變得越來越主動和努力。從小學三年級以後，我就撕掉了『學習障礙』的標籤，並且在中學時，還跳級一次。在我的學生生涯和初入職場階段，我一直在考慮一位好老師對學生的影響。從教學經濟學的角度考慮，我們的教學模式要求作為核心演員的教師一個人帶領一個教室中二十個或更多的學生保持步調一致的發展。但這並不是理想模式，我希望讓盡可能多的孩子擺脫這種有害的教學模式，或者說，就算自己能力有限，無法改變現有模式，也能憑藉一己之力對更多學生產生積極影響。就像艾瑞克那樣。」菲爾臉上帶著嚴肅的神情。

「可是你想成為老師，怎麼又會跑去做工程師了？」我不解。

「因為實現目標的路一定不是一帆風順的，目標即便清晰，該走的彎路未必會少。」

菲爾所謂的「彎路」是因為他的父親在他讀高中時意外病逝，家裡的經濟環境不好，母親自己帶著他們兄妹四人靠著微薄的工資和政府補助勉強過活。菲爾非常需要一份薪資尚可的工作養家餬口。在美國，中小學老師薪資普遍不高，於是菲爾選擇成為一名大公司的工程師。

「大公司裡的工程師薪資會比老師好不少，但我做這份工作真的很沒有成就感。我就像一個螺絲釘被鑲嵌在某個小地方，只能每天按部就班地做著那些我提不起興趣的工作。我不是說工程師不好，只是有人熱愛製圖，而我更愛站在講臺上。但擁有五年的工程師生涯也並非一無是處，我從這個職位上受益頗多。現在回顧工程師這段經歷，它能讓我成為一名更好的老師。」

我有點困惑，工程師能讓人成為更好的老師？沒聽說過這個思路啊。我急著問菲爾：「工程師這段經歷到底怎麼幫你成為一名好老師了？」

「它教會了我準備工具的重要性和如何做到準確表達。我認為這兩項是成為好老師的必要條件。」

利器一 「磨刀不誤砍柴工」，重視整理和列清單

菲爾書包裡的世界，讓我震驚，它們就像被命運安排好似地待在自己的位置。菲爾說，他受母親做家務影響，一直喜歡把週遭的一切都維持整潔，但讓他做到這個程度，還是得益於他的工程師職業生涯。

身為一名電子工程師，菲爾每天要經手很多工具，包括顯微鏡、電路板、晶片、各種電線、螺絲、電烙鐵，還有不同尺寸的剪刀、鑷子，如果你不把這些東西整理清楚並維持良好的習慣，很容易用時方恨少，因為會不見。所以，剛工作時，帶他的導師給菲爾傳授的第一項工作技能就是——讓你的工具有條理。有條理不是你把工具放回原處就好，而是要讓它們處在合適的位置，方便你提高工作效率。這種工作習慣也延續到了菲爾的生活中，如衣服要按季節、長短和色系分類，餐具要按日常使用頻率、材質和色系擺放。

我問菲爾，好的整理是一項腦力和體力兼具的活，不會累嗎？他說，受工作影響，他養成了愛整理的習慣，加上也喜歡用整理來紓壓，所以整理早已成為他

人生的一部分，並不是一種額外勞動。

菲爾的整理其實並不是簡單地把東西歸位，而是包含了三個內容：整理、收納和清潔。整理其實就是選擇和取捨；收納是把物品放對位置，讓空間變得更舒服；清潔就是除塵、去汙。

菲爾向我詳細介紹了他的整理思路和方法，拿整理家務為例，我把其歸納成以下幾點：

一、整理的時間和頻率

短期：一週一次。在一切都整理好的前提下，短期整理的工作內容主要是對物品進行歸位和清潔。

中期：按月整理。如果你每週一次的整理到位，每月整理幾乎不會花太多精力。也可以根據實際需要做一些補充和替換，比如，採購了新的文具、衣服，把它們做好歸類，及時處理掉舊的和不用的物品。

長期：換季徹底整理。主要是衣物、寢具的替換，按季節添置新的物件，處理過季物品。

終極整理：菲爾有個狠習慣，一件物品（當然不是像黃金、珠寶這類保值物品）超過一年沒有被使用的話，他會捐掉或賣掉，絕不留著想像「總有一天會用到」。

二、整理的流程

很多人喜歡按照房間、空間整理東西，菲爾的習慣是按物品整理。比如，菲爾在臥室、客廳和衛生間都放有書，他會把房間裡所有的書放在一起整理，按高低使用頻率、不同空間的閱讀心情再做詳細劃分，然後放在三個不同的地方。

將同一類物品全部拿出來放在一起，再一件一件地整理，直到這一類物品整理完畢、歸位後，再整理下一樣物品（衣服、文具、紙質資料、CD等）。

三、整理的原則

絕不囤積日常生活用品（紙巾、牙膏等）；短袖襯衫、襪子、內褲等衣物只買夠穿八天的量（一週七天和備用一套）；每次購置一件大宗物品，比如入手一副新耳機，同時一定要處理掉一件物品，比如舊耳機。

這個方式在工作中也得到了很好的應用。作為電器工程師，電線、電阻、電烙鐵、鑷子、金屬絲、顯微鏡、電路板……這些大小不一、形狀不夠標準的硬體工具，他有一堆。菲爾的分類方法是按照兩個層級：使用頻率和物質屬性。

電腦裡的軟體工具和文檔的整理另有方法：軟體工具按照字母排序整理；文檔命名後按照日期儲存整理。

菲爾說，其實整理方法沒有標準答案的最好、更好，只要做到即時歸位和定期整理兩個原則就足夠好了。

整理不僅僅是對空間和生活的一次「洗滌」，在這個過程中，你會認真思考自己到底需要什麼、可以放棄什麼；東西必須歸位，下次才能用得順手……這些行為也會讓你的思緒更清爽、理性，讓你認真對待身邊的每一樣物品、每一件事情。

工程師這份工作不僅讓他養成了整理物品的習慣，還培養了他列清單的習慣。

菲爾從小就有列清單的習慣，凡事喜歡提前列計畫、事中核對、事後總結。他坦言，哈佛醫學院教授、美國暢銷書作家阿圖・葛文德（Atul Gawande）寫的

《清單革命》（*The Checklist Manifesto*）這本書對他影響很大。

正如書中提到的，我們犯的錯誤通常可以歸結為兩類：第一類稱為「必然的謬誤」，也就是說，我們所做的事情完全超出了我們的能力範圍。第二類錯誤是「無能之錯」，我們並不是因為沒有掌握相關知識而犯錯，而是掌握了相關知識，但是沒有正確使用它們。

這本書讓菲爾意識到，如果流程正確且堅持執行，很多錯誤是可控的、不存在的，所以他修正、改良了自己列清單的方式。

無論是在之前的工作中，還是現在的讀博時期，流程性的事情和重要性的事情他都依靠列清單來檢查。

「無論是在高通工作的那幾年，還是現在就讀工程學博士，最讓我受益匪淺的是每週通過高強度的工作、學習和實驗（時間長達六十小時，甚至是八十小時）來訓練我面對失敗的技能。在好的公司、好的高校裡，對失敗的正確處理方法不是懲罰，而是鼓勵從業人員、學生積累更多經驗和接受更多培訓。而培訓和經驗最終落實在實踐上就是標準作業程式（Standard Operation Procedure，

SOP），可以理解為一種清單。」

菲爾向我介紹了他列清單的三個步驟。

步驟一：大而全的羅列

當涉及一個專案或一件任務時，菲爾會竭盡全力去思考、請教有經驗的人其中涉及的各種事務、工具，把它們都記錄下來。

比如，作為助教，菲爾每週都需要給本科生上一節課。在上課前一週，他會列好所有跟上課有關的事務，包括課程內容、材料、提問哪些問題、隨堂小測試題目、涉及的工具、講課時需要用的資料、開場的話術（要吸引學生進入）、當中在哪裡穿插笑話、如何鼓勵學生思考某個問題……他會把這些東西全部羅列出來，然後按照課前、課中、課後的順序分類整理，提前準備好。

步驟二：找出關鍵點、寫好多項解決方法

課前、課中、課後三個環節中的每一步都會有一到幾個關鍵點，他會向有經驗的教授請教、確認這些關鍵點，以及應對辦法。比如，某一章節的課程裡有個難點，從作業回饋來看，每一屆學生對這個難點的掌握都不夠好，出錯率很高，那怎麼能在課堂上把這個難點講透？是不是可以增加臨時的課堂測驗？或者課堂上舉更多範例？

菲爾有個習慣和老劉很像，都喜歡提前想好備選方案。通常，菲爾會強迫自己對關鍵點至少要想出二～三個解決辦法備用。

步驟三：提煉成簡單、易操作的SOP

當上過兩三次課之後，菲爾對整體情況有了宏觀把握，他開始對「大而全」的細節進行提煉，把每個環節精簡成更簡單、容易操作的步驟，不給自己的大腦增加多餘負擔。

比如，上課要用的常用工具，留一套在教室，這樣就不用提醒自己要帶工具；總結出課堂上學生常問的問題、作業裡常出現的錯誤，把它們匯總成文，讓所有學生都能複習到位，不用一一回覆學生的郵件了。

菲爾說，好的清單一定能讓你形成好習慣，事半功倍。

利器二 準確表達，讓自己的生命延長一倍

大部分人都有長命百歲、長生不老的願望，所以人們在醫學、營養學、腦研究等各方面投入了大量時間、財力、物力。菲爾說：「但我們忽視了一個最便捷的方法，那就是好好說話、準確表達，不耗費大量時間在溝通上，從而減少溝通成本，間接實現增加壽命的願望。」

好一個曲線救國，雖然波折但細想還挺有道理。

《大西洋月刊》上曾刊登過一篇名為《被浪費的工作日》（*The Wasted Workday*）的文章，裡面提到的一項調查，大型公司（擁有一千名或更多員工）的美國員工僅將其時間的四十五%用於主要工作，其餘五十五%的時間裡，每週工作的十四%用在電子郵件溝通上，另外四成的工作時間用於會議、管理任務和「突發性」工作。過半的「非主要」工作裡幾乎都涉及溝通（書面、面對面、群體溝通等）。可見，我們一生在溝通這件事上花費不菲。

既然我們的工作和生活中少不了溝通，如果人人都能做到準確表達，我們的

確能節省時間、節約生命。

菲爾曾被學生投票評選為「優秀助教」，在上百名助教的高校裡，僅有五個名額，這著實是一份值得驕傲的榮耀。在諸多評語中，很多學生都寫到一條：表達非常清晰，能讓我們理解透徹。

「人們常說自己『不善表達』，看上去像是性格內向或溝通能力有什麼問題。其實我認為最主要的原因是自己在大腦裡就沒搞清楚要向對方傳達什麼內容。」菲爾向我介紹了他準確表達的兩種邏輯：縱向邏輯和橫向邏輯。

縱向邏輯

縱向邏輯有點像我們中學物理課本上學到的串聯概念。A↓B↓C……一步一步按照應有的邏輯順序說下去。

比如，早上我沒吃飯，現在到了中午我很餓，我要去吃中飯了。

當對方對你所說的每一步都明白、認同、沒有疑問時，說明你的溝通是準確的。如果在溝通中你說的話引起了對方不解或是讓對方覺得不合理，菲爾說他發現通常是以下三個地方出了問題。

一、把屬性不同的東西混為一談

比如，工作中你和上司談客戶滿意度的問題，其中本該涉及客戶情況了解、問題總結、採取的措施等。但此時，在「採取的措施」這個環節你談到人手不夠，需要增援打拜訪電話的人，新來的人應該如何進行電話拜訪培訓。這就明顯離題了。

解決辦法：把要討論的主題寫下來；涉及多人討論時，找頭腦最清楚的那個人，請他擔任「檢查員」，適當停下來歸類、檢查，看看討論有沒有跑偏。

二、沒有把所有的前提條件羅列出來，以為對方也知道前提條件

比如，我老公很喜歡有關外星人的話題，我倆聊這個話題到最後總會爭吵起來，後來發現原來我倆對「外星人」的定義就不同。

我對「外星人」的定義就是傳統的一種長著大腦袋、大眼睛和纖細的四肢的東西；而他對「外星人」的理解還包括了存活於其他星球的微生物、高級文明等。因為定義、前提條件不同，討論產生爭執。

在看網飛（Netflix）的紀錄片《走進比爾：解碼比爾‧蓋茲》（*Inside Bill's*

Brain:Decoding Bill Gates）時，有一幕讓我頗有感觸。

導演問比爾．蓋茲：「你覺得微軟是壟斷企業嗎？」比爾．蓋茲沉思了幾秒說：「如果你對壟斷的定義是市場佔有率極高、只有短期市場勢力，那就是；如果你對壟斷的定義是我們有不可挑戰的地位、更新更好的科技沒機會取代我們，那我們就不是。」

解決辦法：在開始討論前就定義、概念、前提條件達成共識。

三、把偶然事件視為必然事件

偶然與必然的關係可以從哲學、統計學兩者不同學科層面解讀，菲爾說，準確表達中的偶然與必然其實不必那麼複雜，牢記一點就好：不要用小概率或者籠統的事件舉證。

比如，討論有些人為什麼能成為成功人士這個話題時，如果你的核心是圍繞他們努力工作、極其聰明這類籠統說法，就很容易遭人排斥。因為「成功人士」「極其聰明」是小概率事件，而「努力」又是一個籠統的概念（「籠統「可以理解為「很多人都很努力」或「什麼才算很努力？」）

菲爾說，準確表達要做到的是：在你告訴對方有「小概率」存在的同時，必須要用「大資料」（必然、頻發事件）說話。

橫向邏輯

橫向邏輯最主要解決的是溝通中的遺漏和重複問題。這個概念是源自法國心理學家、劍橋大學醫學博士、國際暢銷書《六項思考帽》（*Six Thinking Hats*）的作者愛德華・德・波諾（Edward de Bono）提出的橫向思維。

橫向思維要求我們能從各種不同的角度思索問題（有時這種「不同的角度」甚至與問題本身有著牽強的聯繫），然後再確定並找出最佳解決方案。它從問題本身提出問題、重構問題，傾向於探求觀察事物的所有不同方法，而不是接受最有希望的方法去做。

在加州淘金熱期間，一位年輕的創業者懷著把帳篷賣給礦工的想法來到此地。他認為，成千上萬的人聚集在一起找金礦，那裡肯定會有一個非常好的帳篷市場。不幸的是，加州天氣非常溫暖，礦工們都是露天睡覺，沒有多少人買他的帳篷。此時他要怎麼做才能回本、賺錢呢？

這位創業者把他帳篷上的粗棉布割下來，然後用它做成褲子賣給礦工們，由於礦上和井下的環境，這種褲子大賣。直到今天，這個品牌的褲子還在銷售，它就是李維斯（Levi's），而這位創業者就是李維斯的創始人李維．施特勞斯。

這是一個典型的橫向邏輯的例子，跳出現有環境，看看其他領域，從別的方向尋找答案。

菲爾說，他是遵照法國心理學家愛德華．德．波諾教授提出的訓練橫向思維的方法來鍛鍊自己的橫向邏輯的。

第一，對問題本身產生多種選擇方案（類似於發散思維）。學生對這個概念不理解，除了解釋、舉例之外有沒有別的方法？

第二，打破定勢，提出富有挑戰性的假設。常用的方法是，面對教授花很長時間講解的難點概念，我能不能用遊戲或者觀看影片的方式來解決這個問題？

第三，對頭腦中冒出的新主意不要急著做是非判斷。不要輕易排除任何一種方案，而是先仔細對比優劣性。

第四，反向思考，用與舊模式完全相反的方式思考，以產生新的思想。如果老師講解的概念大家不理解，有沒有可能邀請理解透徹的學生做主講人？

第五，對他人的建議持開放態度，讓一個人頭腦中的主意刺激另一個人頭腦裡的東西，形成交叉刺激。收集學生對這個難點概念的解決之道，看看對自己的講課有沒有啟迪。

第六，擴大接觸面，尋求隨機資訊刺激，以獲得有益的聯想和啟發。有沒有可能從自己過去做工程師、做實驗的經歷，去尋找關聯性解決問題？

這讓我想到了日常中一種很適合訓練橫向邏輯的方法。以色列知名教育家德隆自創的一套橫向思維訓練方法，用日常生活中的物品來進行有序的聯結並給出解釋。例如，選擇手錶和車鑰匙兩件物品，嘗試想出它們之間的三十~四十種聯繫。比如，兩者都是黑色的、都是我們日常需要的、都是人造的、都與動態有關……

橫向邏輯裡包含著創新思維，而德隆說創新思維首先是要在不同物體之間找到聯結且是有序的。他提倡的這種訓練其實就是在拉伸你的大腦肌肉，讓你能夠「跳出框框」看問題。最後，菲爾建議，無論是縱向邏輯還是橫向邏輯，在最開始時可以把自己想要表達的內容總結成書面資料，因為書寫的過程能幫助自己進行更加準確的口頭表達。

小結

利器一：「磨刀不誤砍柴工」，重視整理和列清單

1. 整理：從使用頻率、物質屬性等類別入手；即時歸位；定期整理。
2. 列清單：

◎步驟一：大而全的羅列；

◎步驟二：找出關鍵點、寫好多項解決方法；

◎步驟三：提煉成簡單、易操作的SOP。

利器二：準確表達，讓自己的生命延長一倍

1. 準確表達的兩種方式：

◎縱向邏輯：A→B→C……一步步按照應有的邏輯順序說下去。

◎橫向邏輯：能從各種不同的角度思索問題（有時這種「不同的角度」甚至與問題本身有著牽強的聯繫），然後再確定並找出最佳解決方案。

2. 如何訓練縱向邏輯？

◎防止把性質不同的東西混為一談。

解決辦法：把要討論的主題寫下來；涉及多人討論時，找頭腦最清楚的那個人，請他擔任「檢查員」，適當停下來歸類、檢查，看看討論有沒有離題。

◎確保對方知道你所知道的前提條件。

解決辦法：在開始討論前就定義、概念、前提條件達成共識。

◎不要把偶然事件視為必然事件。

避免用小概率或者籠統的事件舉證。在你告訴對方有「小概率」存在的同時，必須要用「大資料」（必然、頻發事件）說話。

3. 如何訓練橫向邏輯？

◎對問題本身產生多種選擇方案（類似於發散思維）；

◎打破定勢，提出富有挑戰性的假設；

◎對頭腦中冒出的新主意不要急著做是非判斷；

◎反向思考，用與已建立的模式完全相反的方式思考，以產生新的思想；

◎對他人的建議持開放態度，讓一個人頭腦中的主意刺激另一個人頭腦裡的東西，形成交叉刺激；

◎擴大接觸面，尋求隨機資訊刺激，以獲得有益的聯想和啟發。

4. 無論是縱向邏輯還是橫向邏輯，開始時最好能把自己想要表達的內容總結成書面資料，因為書寫的過程能幫助自己進行更加準確的口頭表達。

思考與練習

❶ 選擇一個你需要整理的物件，可以是某個房間、某個角落或衣櫃、抽屜，按照書中列出的整理方法嘗試執行。

❷ 選擇一個自己感興趣的話題、你正在著手進行的報告或寫的文章，用橫向、縱向邏輯的步驟去檢驗它們的邏輯性、準確性。

CHAPTER

05

平衡你的人生關鍵

有一天，老劉告訴我，前段時間他的辦公室來了個新博士生，是他的導師和另一個導師聯合培養的學生，長相神似豆豆先生，名叫科恩。我很好奇，二十歲出頭的豆豆先生到底什麼模樣？也是高高瘦瘦的嗎？後來才知道，他本人確實神似不搞怪時正常版本的豆豆先生。

一米九的身高，沒有豆豆先生那麼瘦，身型大概比豆豆先生大半圈，白皙的皮膚，略捲的褐色頭髮，比年輕時的豆豆先生要帥一些。但是這位身型高大挺拔、面龐清秀的正常版青年豆豆先生，有點脆弱。當然，他的脆弱也是我們逐漸熟識後我才瞭解的。身為有著一半倫敦血統的美國人，科恩對咖啡因和雞蛋過敏。真不知道他在美國這樣一個嗜咖啡因如命，以及雞蛋食品無所不入的大國裡是怎麼存活下來的。當別人累到用咖啡提神時，可憐的科恩只能不停用冷水洗臉。更慘的是，因為他對雞蛋過敏，基本上不能去餐廳吃飯，那裡的麵包、麵條、菜品、醬料裡都有很多雞蛋成分，他統統不能吃，只能在家做不含蛋的料理餵飽自己。

我和科恩開玩笑說：「你這也不能喝，那也不能吃，生活真是無色無味。」

不過，和他們家遺傳的偏頭痛相比，不能食用咖啡因和蛋類食品都是小巫見大巫。科恩的奶奶、爸爸都有偏頭痛的歷史，科恩也不幸中招。平時都得用藥控制，最嚴重時，曾在高中休學一年。想像一下這樣一幅場景：你和這位小夥子出去玩或者約會。

你說：「我有點累了，咱們喝杯咖啡休息一下吧？」

他說：「對不起，我對咖啡因過敏。」

你說：「那咱們去漢堡店吃點東西吧？」

他說：「對不起，我對雞蛋過敏。」

你說：「那好吧，咱們就在路邊的臺階上坐一會兒，休息一下總可以吧？」

他說：「這沒問題。」然後過了幾分鐘，他拿出藥片吃下去，說：「對不起，我有偏頭痛。」和這樣的人做朋友或伴侶是不是挺掃興的？但如果我告訴你，這麼一位脆弱的豆豆先生，他和你聊天每隔幾分鐘就可以讓你哈哈大笑，他彈得一手好鋼琴，從小就玩擊劍、玩電競遊戲拿到了大獎，在二十四歲時和喜歡的女生認識三個月就英年早婚，能策劃出有趣有料的好聚會……和這樣的人交朋友，你的生活精彩極了。不僅如此，科恩可不是一個只會玩樂的玩咖。

他本科讀的是所在高校的榮譽學院（只有當屆錄取的成績最好的學生才能進入），以優秀畢業生身分畢業後直接進了博士專案，主攻深度學習方向；同時，還入選了美國海軍的保密專案，在項目組裡做研發。同一門課，別人做一個項目要花一天時間，還只拿到了B、C這樣的成績；科恩在截止日期前花三小時做一做，這門課的三位課老師無異議統一給了A。他屬於標準的學霸、高智商群體。會玩、學習強，這就是科恩，美國版的豆豆先生。

利器一　人生可以有趣和認真兼得

我告訴科恩，我非常羨慕他這樣的人，娛樂和學習都沒耽誤，而且都是高品質。不像多數人只能顧到一方，或者更多人連其中一項都做不好。科恩說，這大概和他小時候身體上受了不少苦有關。頭不痛的時候他珍惜在校時間，好好學習；頭痛請假在家時，就想辦法找樂子去打發難捱的時光。

「我一直覺得學習可以是件有趣的事，而玩也可以是件認真的事。比如，在十來歲時，我想吃炸薯條，但又想把炸薯條這件事做得有趣點，所以就從家裡翻出了蓄電池、燈座、加熱盤等一些舊設備，製造出一個簡易的薯條加熱器。雖然味道不怎麼樣，但整個過程很有趣。」

十幾年過去了，科恩至今說起這段經歷時，臉上都帶著童真般的笑容。科恩說的這段經歷讓我想到了物理學界的翹楚理查·費曼（Richard Feyman）先生。我看過很多關於他的傳記，裡面說到他在麻省理工上大學期間曾惡作劇，拆下宿舍的門藏起來，並聰明地躲過追查；在曼哈頓計畫期間，他迷上了撬鎖，從門鎖撬到保險櫃，在撬鎖成功取得機密資料後，還不忘留下紙條告誡政府要小心安全；他對語文沒什麼興趣，但是研究過馬雅文字，向日本同行學習過日語。在生命的最後幾年，還自學了冷門的圖瓦語。費曼喜歡捉弄人、充滿幽默感，他不僅在物理學界取得了巨大成就，就連玩都玩出了高度。他喜歡繪畫、喜歡打鼓，他的畫作曾被人高價買走，而他打鼓時的專注讓人差點誤以為他是純正的印第安人。他實在是太特立獨行了。巧合的是，費曼恰好也是科恩的偶像。

「費曼是我的偶像，你把我和他扯上關係，我實在與有榮焉。但我確實是用有趣和認真這兩個標準來衡量一件事是否值得去做。比如我上個暑假的實習，就是為一家小公司建模去檢驗罐頭食品裡的含鉛量是否超標。我沒想到世界上還有公司專門從事這樣的事，而自己的知識剛好又用得上，所以就去了。」科恩說的這份實習我是知道的。他完全有條件去平臺更好的大公司實習，甚至在博一時，他真收到過來自谷歌和亞馬遜的工作邀請。科恩還是美國一個很有名的程式設計論壇的版主，沒事就在上面發一些自己的代碼，解答一些大家的求助問題。美國一些領先的科技公司的人資主管、獵頭公司都會在這類專業論壇上招攬人才，科恩入了他們的「法眼」，只是他自己覺得在大公司做螺絲釘實在無趣，所以從來沒理睬過對方的邀約。

我見過很多會學習的人，但像科恩這樣既會學習又會玩的人真不多。我相信他真的是在用有趣和認真去衡量、篩選自己是否要做某件事。因為就連辦學生聚會這麼一件只用隨性和酒精就能搞定的事，他都能認真地玩出新高度。二〇一八年的感恩節，我參加了科恩和他的妻子在家裡辦的一場聚會，主題是外星人。這麼不適合聚會氛圍的主題我還是第一次見。

我還特意從網上買了一件帶有外星人圖案的帽T穿去現場，以示尊重。可我萬萬沒想到，一場外星人為主題的聚會居然變成了外星人研討會（當然，這個研討會是可以席地而坐、喝酒的）。他們夫妻倆買了很多帶燈泡一閃一閃的外星人氣球擺在房間四周，牆上還有外星人海報，拉了外星人的旗子，放著著名外星人電影的主題曲，就連紙巾都是外星人圖案的。這還只是外表，內涵更誇張。既然主題是外星人，在場的所有人都要講一講自己對外星人的看法，比如：你相不相信他們的存在？為什麼？你想像中的外星人是什麼樣子？如果有一天世界政府宣佈，真的有外星人存在，你會採取什麼態度？

等等，別急，還沒完。聚會總要喝酒的，但這裡不是你想喝就喝。大家一起圍觀一部叫《遠古外星人》的經典紀錄片，聽到裡面某位嘉賓發言時，才可以舉起酒杯來碰一杯。這絕對是我參加過最充實、知識量最大的聚會了。也是在那次聚會上，科恩第一次向我們展示了他專業級的鋼琴演奏，也讓我知道了他曲折又戲劇化的學琴之路。

利器二 利用自己的叛逆心理，把不滿變成動力

科恩的學琴之路可以追溯到三歲。他的奶奶是一名嚴格的中學音樂老師，會很多種樂器，家裡有臺二手鋼琴。她白天在學校教課，下班就逼著自己的孫子練琴。一開始，小小的科恩還覺得有點意思，但沒幾天就坐不住了。嚴厲的奶奶當然不會輕易放過，逼著他學了一年。直到科恩的媽媽實在看不下去了，溝通了一番，終於讓奶奶放過了四歲的科恩。

科恩的媽媽不是溺愛，她是一名教育工作者，主攻人類發展學。和科恩的奶奶這一代父母不同，科恩的媽媽有系統地學習過科學育兒、兒童心理這些課程，非常不主張這種強迫孩子的做法。她希望孩子能在家長的引導下，自主探索自己喜歡的事物，而且很明顯，在和奶奶學琴的這一年，科恩很痛苦。「我媽告訴我，以後都不用再學鋼琴了，可以一輩子都不打開它的蓋子時，我開心極了。她說可以帶我去接觸一些不同的樂器，然後挑一項自己喜歡的堅持下來。可奇怪的是，沒過幾天我就開始想念那些鋼琴鍵彈出的聲音了。有一天，我趁週遭沒人，

打開蓋子開始撫摸琴鍵，我奶奶看到了，她過來闔起蓋子說：『你已經決定放棄了，就永遠別打開它了，請離我的鋼琴遠一點。』」

科恩學著他奶奶嚴厲的口吻，然後接著說，「可是，她越是不讓我碰，我就越想彈鋼琴。後來我們吵起來，我對她大喊：『我一定會彈好鋼琴的！』從那時起直到現在，我沒有一天是不彈鋼琴的。」科恩曾經可以成為一名專業鋼琴演奏家，但他還是更喜歡電腦，所以最後選擇走科研這條路。不過，他也沒有放棄鋼琴，就算現在鋼琴只是他生活中的點綴品，他也依然會每天抽出一小時彈琴、練琴，防止自己技藝生疏。我問科恩：「關於你學會彈鋼琴這件事，我是不是可以將其歸功於你的叛逆心？一般人到青春期才會這麼反叛，你有點『早熟』啊，四歲就開始叛逆了，越不讓你做什麼你越要做。」

「你說得很對，我就是利用了自己的叛逆心理，或者說是我奶奶和媽媽利用了我的逆反心理。現在回頭看，感覺她倆策劃了一場『陰謀』。」

「在社會心理學中，人們把一個人對外界的情感與行為做出負向心理反應並影響其後續行為的現象，稱之為逆反效應。但通常這不是一個褒義詞，你覺得呢？」我問他。「我覺得，人還是可以從叛逆中受益的。比如，因為有了叛逆心理，才會有人敢於挑戰權威，推動社會和某項學科的發展。從浪漫一些的角度來看，叛逆心理還有可能讓我們收穫愛情。就像我的偶像費曼和他的第一任妻子愛琳・格林鮑姆的愛情。」

費曼在十三歲時認識了愛琳，學生時代的費曼比較靦腆，擔心自己拚不過其他競爭者，所以一直不敢告白。直到愛琳在高中畢業之際，公開承認自己喜歡費曼時，兩人才在一起。但費曼的父親擔心戀愛會使兒子學習分心，因此在暑假限制兒子與愛琳接觸的次數。可這並沒有拆散他們。

甚至後來，愛琳患上了肺結核，費曼不顧父母和朋友們的強烈反對，堅持與愛琳結婚。費曼自己針對這件事還說過：「人有時也要不理性，這並不代表愚蠢，而是說在一些場合或情況中，你要思考，但有時你不應該思考。我娶愛琳不是出於責任感，而是因為我愛她。」

兩人結婚三年後，愛琳還是撒手人寰。費曼當時埋首於原子彈的研究，為了不影響自己的工作，極力克制悲痛，直到一個多月後，他經過一家商店的櫥窗，看到一件漂亮的洋裝，想到妻子一定會喜歡時，才悲傷地哭了出來。

在費曼的抽屜裡有一封未寄出的信，直至他去世之後，信件才被費曼的女兒發現並公諸於世。那是他在愛琳過世兩年後寫的，在信的末尾，他補充道：「原諒我沒有寄出這封信。因為我不知道妳的新地址啊。」

有一部電影叫《情深我心》（*Infinity*），講的就是費曼與愛琳這段因叛逆之心而收穫的愛情故事。「我沒想到科恩對叛逆心的解讀會如此正面、如此浪漫。但仔細想想，叛逆會產生不滿，而不滿確實也可以成為自我進步的助燃器。從這個角度來考慮，叛逆心其實並非不堪。那麼，如何讓叛逆、不滿成為動力，借助它們讓自己變得更好？被譽為「歐洲巴菲特」的德國頂級理財大師、演說家以及暢銷書作家博多．舍費爾（Bodo Schäfer）曾提出過兩個建議。

第一：學會區分感恩和滿足。我們很多人都聽過這樣一句話：「你應該對自己所擁有的感到滿意。」博多舍費爾認為，說這句話的人沒有把「感激」和「滿足」區分開，而兩者背後隱藏著兩種完全不同的價值觀。感恩是一項重要的原則。

感恩之情能照亮我們的恐懼，讓我們收穫幸福感。但滿足則是危險的，它其實是在稱讚懶惰和麻木。因為一切活著的事物都在成長，如果自滿，我們會無視世界和生活的變化，就不會尋找機會去改變自己，陷入停止進步的沼澤，同時你還會因為自己擁有滿足感而自認為高尚。所以，人要永遠充滿感恩的心，但永遠不要輕易為自己取得的成果而感到滿足。

第二：在其他不滿足的人那裡尋求幫助。希望自己不要停止成長，就多和那些不容易滿足、有野心的人待在一起，尋找與他們合作、共事的機會，讓自己在不滿足的環境裡茁壯成長。我和科恩說了博多·舍費爾關於如何保持不滿足的兩個建議，科恩表示贊同。

但我突然想到，他這麼一個「不容易滿足」的人，當初為什麼會放棄加州大學柏克萊分校這所世界一流學府的錄取，而是來到現在這所大學，雖然現在就讀的大學也是一所公認的好大學，但和柏克萊相比還是有些差距的。這在名校情節非常嚴重的人看來簡直不可理喻。

利器三 和自己較量，做好小池塘裡的大青蛙

中國有句俗話：寧當雞首，不當牛後。美國也有句俗話：在小池塘裡做大青蛙，要好過在大池塘裡做小青蛙。可奇怪的是，在我從小長大的環境裡，人人都是寧做牛後，不做雞首：寧願在資優班裡做墊底的學生，也不要在普通班裡做前三名；寧願在名校裡做差生，也不要在普通大學裡做好學生；寧願在大公司裡當螺絲釘，也不要在小公司裡做骨幹；就拿升學這件事來說，多少家長玩命似地要把孩子送進重點學校，大學選志願，寧可選冷門專業，也一定要去一所好學校；畢業找工作更是如此，在國企、事業單位、銀行裡上班是父母心中理想的工作，哪怕你去銀行當個櫃員、坐在國企的辦公室裡蓋章，他們也覺得是絕好的工作。

想當牛後、做大池塘裡的小青蛙有問題嗎？當然沒有！就拿名校這件事來說，一些研究表明，全球排名前十的大學裡產生的終身教授的人數約為排名前二十大學的三倍，這在很大程度上是因為，擁有一個精英學者的社會網路，能夠吸引更多精英彙聚於此。

對於少數族裔和低收入家庭學生來說，「大池塘」可能是一個更有利的選擇，因為他們可以獲得更多資源、建立更廣的聯繫。這些都是大池塘的優勢。但科恩不喜歡大池塘，他更喜歡在小池塘裡自由自在地優游。科恩申請博士時，曾拿到了柏克萊大學的錄取，並且給的是全額獎學金。但他後來選擇了第二志願，也就是現在就讀的學校，也是全額獎學金。

聊起這件事，我真的是非常不解。「柏克萊到底哪裡不好？讓你放棄了它？」我開玩笑問科恩。「柏克萊非常好，對有志於從事研究工作的人來說，那裡是天堂。放棄它我也很不捨，但這確實是我經過再三認真考慮、和父母商量後的決定。」

「為什麼？」

「因為在大池塘裡做一條小魚不僅會很累，還有可能會斷送我喜歡的科研之路。」

前半句我相信，和全世界最聰明的人在一起競爭，不累是假的。但後半句，怎麼可能？按理來說，越好的學校有越好的資源，名師、先進的設備、充足的專案資金，難道不是嗎？我把自己的困惑告訴了科恩，科恩和我說了他姊姊的故事：

科恩的姊姊海莉年長他三歲，和科恩一樣非常聰明。高考那年，她收到了常春藤聯盟的哥倫比亞大學的錄取通知，在完成了第一年的通識課程後，她選擇攻讀醫學預科項目，這個項目是為將來成為醫生做準備的，數學、物理、生物、化學和有機化學都是必修課，課程難度非常大。海莉從小到大在當地一直是「別人家的孩子」，各個方面都很優秀，但到了哥大，她發現自己泯然眾人，因為哥大的天才實在太多。

更讓人絕望的是，無論她怎麼努力，她最好的成績只有B，有機化學這門課甚至差點不及格。看到有人輕鬆搞定這些課，或者更多人努力學學就能拿到不錯的成績，而她每天學到淩晨還差點不及格，海莉的自信和自尊徹底被摧毀了。她得了中度憂鬱，看了一年的心理醫生才穩住病情，但海莉再也沒有勇氣面對那些課程，最終她放棄了醫學預科專案，轉去讀了自己並不感興趣的商科。

「你知道嗎？」科恩說，「我看過一項調查統計，在美國，有超過一半的學生剛開始學的是科學、技術和數學這類科學項目，但很多學生在第一年或第二年就放棄了。在當代社會，獲得一個科學學位，對年輕人來說是最有價值的一種優勢，然而很多原本想要從事理工科領域的學生，最終都轉去讀了文科、商科。與理工科項目相比，這類專業的課程壓力沒那麼大。」

「在我選擇博士要去哪所學校讀時，我和海莉深聊過一次。雖然她畢業後工作不錯，但一直對沒能完成醫學預科的項目深覺遺憾。她說，如果當初去了那所在世界排名三十左右、不是常春藤高校的第二志願，也許和自己的實力更匹配、能得到更多的支持和自信，也許自己現在還在當醫生的道路上前進吧。」

我告訴科恩，選擇做小池塘裡的大青蛙是一件很不容易的事，在中國，很多家長、包括學生自己都不會允許這樣的選擇，它是沒上進心、沒自信心的體現。一所好學校、一份好工作的光環實在太大了，大到讓人們在選擇時會輕易忘記自己有可能無法承受之後的壓力。

「我覺得很多人寧願做大池塘裡的小青蛙，是出於面子考慮，因為圈子外的人們會鄙視『做小池塘裡的大青蛙』這種選擇。但認真考慮後做出這種選擇的人其實很有勇氣，他們知道自己適合什麼，知道自己能夠在那裡得到什麼，也知道什麼是幫助自己實現最終目標的手段，而不是為了面子。」科恩說。社會學裡有個概念叫相對剝奪感，最早由美國學者S. A.斯托弗（S. A. Stouffer）提出，其後經R. K.默頓發展成了一種關於群體行為的理論。它是指當人們將自己的處境與某種標準或某種參照物相比較而發現自己處於劣勢時所產生的被剝奪感，這種感覺會產生消極情緒，可以表現為憤怒、怨恨或不滿。簡單而言，相對剝奪是一種感覺，這感覺我們有權享有但並不擁有。舉個簡單的例子：你認為什麼樣的國家自殺率高？是那些居民宣稱自己過得很幸福的國家？如瑞士、丹麥、冰島、荷蘭、加拿大等；還是那些居民宣稱自己過得一點都不幸福的國家？如希臘、義大利、葡萄牙和西班牙等。根據調研顯示，答案是那些居民宣稱幸福的國家。在一個大部分人都不開心的國家裡感到絕望，只要拿自己和週遭的人比，你就會發現原來情況並沒有那麼糟糕。

但是，假如你在一個每個人都過得很幸福的國家裡感到絕望，更有可能走上不歸路。就像拿理工科學位這件事，決定你是否可以拿到學位的關鍵，並不是你有多聰明，而是在你的班級中，你覺得自己和其他同學相比，你有多聰明。聽上去，相對剝奪感有點像「比爛」的意思，不要往上比，而是向下比。比上不足、比下有餘會讓人覺得生活更容易些。有點這個意思。但它的本意不是讓人不求上進、安於現狀，而是**在面臨某些重大選擇時，你不必非得往上攀爬，還有另一種選擇，是把自己放在某個合理的範圍中，拿自己「跟坐在同一條船上的人」比較。**

在這樣一個相對優渥的環境裡，你對自己能力的認知更能塑造和鞏固你處理挑戰、完成艱鉅任務的意志，而這種意志是動機和信心的關鍵因素。從這個角度考慮，我非常能理解科恩做出放棄柏克萊的選擇。

科恩說：「人人都想去大池塘裡做小青蛙，我們總是談到大池塘裡的機會和優勢，但很少談到大池塘的負面影響。人應該對自己的優勢有一套『自主』定義，而不是一直用別人的或大眾的標準去衡量自己。說到底，我們最終都是在和自己較量。」

利器四 訓練自己的修補能力和修補思維

我認識的很多工科男生動手能力都很強，不是扛著梯子換燈泡、拿千斤頂卸輪胎這種低級別的，而是耳機斷了自己買耳機頭和小焊接頭來修、把手機無線充電板改裝成電動牙刷充電器這種程度。科恩更厲害，他是能把壞機床修好、房子壞了都能自己動手，這種等級的動手能力。早婚的科恩和妻子菲亞，在距離就讀高校二十分鐘車程的郊區買了一套三房兩廳的老房子。當初翻修的時候，科恩就雇了一個工人，然後利用暑假一個月的時間，和工人一起把整間房子從外到裡全部翻修了一遍。平時家裡無論是下水管道、空調還是衣櫃，出了問題都是他捲起袖子，自己動手修修補補。

科恩說，他喜歡動手修補的過程，那種讓某物復活的感覺讓人非常滿足。他覺得一個人擁有動手修補的能力非常重要，不僅是省錢，更會影響你思考問題的方式。

我告訴科恩，如果以後他能去麻省理工學院的媒體實驗室工作，一定會和密契爾．瑞斯尼克（Mitchel Resnick）教授一見如故。ＭＩＴ的密契爾．瑞斯尼克教授被稱為「少兒程式設計之父」，風靡全球一百五十多個國家的程式設計學習軟體Scratch就是他帶領的團隊「終身幼稚園」（Lifelong Kindergarten）開發的專案。

他曾多次提及修補能力的重要性。我們會想辦法提升很多能力，如溝通、共情、領導力、做計劃的能力……但鮮少有人培養自己的修補能力，因為我們內心並不覺得這是一種多高級的能力。但在密契爾看來，修補能力是一種被嚴重低估的技能。他認為，成為一名「修補匠」很重要。因為，首先，**跳過「修補」環節，認為「事情沒有按照預期發展，就是失敗」，這是非常極端的思維**；其次，**一個不懂得修補的人是很難有創造力的，創造力和修補力可以相互補充**，正如密契爾說的：「創造性思維來源於創造性的修補。」

事實上，許多偉大的科學家，比如達文西、貝爾、理查．費曼，都把自己看成修補者。想出一個點子只是開始，要檢驗、實現它，背後需要做大量的嘗試和修補工作。一個懂得修補的人，就是在事情沒有按照預期發展時，懂得如何即興發揮、適應和反覆運算，他們不會受限於舊的計畫，而是讓自己調查問題、允許自己不斷嘗試，結果很有可能是誤打誤撞出一個新東西來，這也是創造的過程。想要提升修補能力需要握住三個核心。**第一，利用意外。當事情沒有按照預期發展時，用「探索意外」的心態，而非消極的心態開始修補工作。第二，借鑒個人經驗。調動自己目前已有的知識庫去分析、試驗。第三，用全新的方式使用熟悉的材料。可以用全新的眼光去看待身邊熟悉的材料、事物來進行修補。**比如，輪子未必只能做輪子，也可以成為腳；空飲料瓶可以成為直升機。

毫無疑問，一名修補匠有很強的動手能力，但優秀的修補匠終究靠的是修補思維，這是一種獨特的自下而上的思考方法。我們喜歡定目標、做計畫。做計畫的過程其實是一種自上而下的思維方法：分析情況、確定需求、制定清晰的計畫，然後執行。而修補採取的是自下而上的方法：從小事做起，嘗試簡單的想法，對所發生的事情做出反應和調整並完善計畫。自下而上的思維方式最大的好處是，當我們遇到難題，或是沒處理過的新問題時，這種思維方式能夠讓人快速進入解決問題模式。因為它是從零星、散碎的資訊開始做起，逐漸整合，更容易上手。

舉個簡單的例子：雖然我們每天忙忙碌碌，覺得時間不夠用，卻依舊無法感覺人生充實時，怎麼辦？不妨從簡單的時間分配來入手檢查。第一步：列出每天都做的事情，比如：洗漱、吃早餐、睡午覺、看書、打電玩這些瑣事，並對這些事情進行大概時間計算。

第二步：把相同屬性的事情歸類在一起，比如吃早餐和午飯可以歸類為「用餐」，打遊戲、看動畫片可以歸類為「娛樂」。

第三步：進行檢查、驗證。算一算在用餐、娛樂、休息、學習等方面分別耗時多少？最後一步：得出結論，進行作息調整。整個流程易操作、有效果，但這還不是修補能力的最高境界。密契爾教授說過，修補自下而上的過程始於一些看似隨機的探索，但並不會就此結束。真正的修補者知道如何將他們最初的探索從底層向上昇華，變成一個有目的的活動。這個「昇華」就是不僅能修物，更能「修人」——透過修補，讓自己擁有無比強大的自我修復能力。

凡事都能一次做對當然很好，但就如諾貝爾文學獎獲得者、美國著名劇作家尤金．歐尼爾（Eugene O'Neill）所說：「我們生而破碎，活著是為了來修修補補。」擁有強大修補力的人不會把錯誤看作是失敗的終結，而是把錯誤當成提升自己的機會。當我們擁有修補能力時，會重新看待堅持和被困之間的聯繫：解決困難的決心和堅持當然是必要的，但只有這些還不夠，還需要把著眼點放在策略上，思考用什麼策略來讓自己擺脫困境。

而修補一旦內化成習慣，就會培養出一種終身受益的能力，即「復原力」。簡單來說，就是一個人在面對困難和逆境時所展現出的韌性。曾任《哈佛商業評論》高級編輯的黛安．庫圖在文章中曾描述，擁有強大復原力的人，具備以下三項特徵：

冷靜接受眼前的事實；艱難時刻依然能找到生活的意義；有驚人的臨時應變能力，擅長利用手中一切資源。

這兩年，我們總能聽到社會上有很多不堪重負，走上極端道路，甚至自殺的新聞。成長的過程從來都不輕鬆，升學壓力、社交傷害、校園暴力、失去親人等，都會讓我們的精神遭受重創。正因如此，復原力才應該成為每個人的盾牌，即便經歷了毀滅性的打擊與不幸後，仍能讓自己重獲快樂，找到更多的人生意義。

正如臉書首席營運長雪麗．桑德伯格（Sheryl Sandberg）在《另一種選擇》（*Option B*）這本書裡告訴讀者的，她就是靠著復原力，從失去丈夫的深切悲痛中走出來，並讓生活和工作重回正軌。

小結

利器一：人生可以有趣和認真兼得

利器二：利用自己的叛逆心理，把不滿變成動力

1. 學會區分感恩和不滿。
2. 在其他不滿足的人那裡尋求幫助。

利器三：和自己較量，做好小池塘裡的大青蛙

拿自己跟「坐在同一條船上的人」比較，在這樣一個相對優渥的環境裡，塑造和鞏固自己處理挑戰、完成一項艱巨任務的意志。

利器四：訓練自己的修補能力和修補思維

1. 想要提升修補能力需要握住三個核心：

◎利用意外，當事情沒有按照預期發展時，用「探索意外」的心態，而非消極的心態開始修補工作。

◎借鑒個人經驗，調動自己目前已有的知識庫去分析、試驗。

◎用全新的方式使用熟悉的材料，可以用全新的眼光去看待身邊熟悉的材料、事物來進行修補。

2. 採取自下而上的思維方法：從小事做起，嘗試簡單的想法，對所發生的事情做出反應和調整並完善計畫。

3. 從修物到「修人」，擁有強大的復原力：冷靜接受眼前的事實，在艱難時刻依然能找到生活的意義，有驚人的臨時應變能力，擅長利用手中一切資源。

思考與練習

❶ 哪些事是真正值得你感恩的？哪些事是你不必為了感恩而強行去說服自己感到滿足的？

❷ 列出你身邊擁有上進心和野心的人的名字，並與他們多多相處。

❸ 你有面臨選擇做「雞首」還是「牛後」的時刻嗎？當時的選擇是什麼？現在再看，會做出不同選擇嗎？如果你現在就面臨此類選擇，請列出「雞首」和「牛後」各自的優劣勢。

❹ 現在就開始吧，選擇修好身邊的一件物品。

CHAPTER

06

你的人生不止一面

布倫特是老劉和法爾札內的博導，認識布倫特的人對他的評價是「一個奇怪的人」，熟悉布倫特的人對他的評價是一個很好的人。

我能夠理解對布倫特不熟的人為什麼會認為他是個怪咖。有一次，我去布倫特家參加聚會，他們家是美籍猶太人，非常重視家庭、傳統和禮數，所以在每年七八月期間或感恩節都會邀請自己的學生、關係不錯的同事、朋友來家裡聚會。全家會為客人準備烤羊、自製的披薩和千層麵，非常周到。

在聚會上，我們隨便寒暄起來，我問起他家兩個兒子。他說：「老大申請完大學後間隔一年，去歐洲旅行了，最近在歐洲某個山上當滑雪教練；老二去朋友家玩了。」我說：「那你一定很想老大吧，他什麼時候回來？」布倫特嘴巴一撇、眉毛一挑，說：「我挺想他的，但誰知道他什麼時候回來呢？也許永遠不回來了吧！」

我差點兒就把嘴裡的水噴出來。這是想念還是「詛咒」？確定是親爹？這是標準的布倫特式冷笑話：他想逗你玩，結果只會讓對方尷尬，讓人不知如何往下接。但這個怪異的男人卻深受自己博士生的愛戴，法爾札內不止一次在我面前表達對他的「愛慕之情」，說得非常直接：「我愛布倫特。」老劉這位東北人，雖然不至於那麼露骨，但也是三句話不離布倫特，談起來臉上洋溢著幸福。這種表情在艱苦的博士生涯中實屬罕見。

在布倫特身上，實在有太多矛盾點：為什麼別人覺得怪，熟悉他的人卻愛他愛得不得了？為什麼學生總是忍不住吐槽他講課「爛」，但又打從心底承認他是個好老師？為什麼他名不見經傳，但在自己從事的學術圈裡，多位重磅人士都看好他、信任他帶出來的學生？他的愛徒法爾札內，博士尚未畢業，就收到諸多企業和高校的工作錄用通知，這就是證明之一；為什麼作為著名高校教授、系裡二把手的他，本可以過著朝九晚五的悠閒生活，卻還要堅持一週工作六天、每天工作十二小時以上？為什麼他每年要在暑假抽出兩週的時間，「躲」進沒電、沒網的深山老林裡，過一段原始人生活？

帶著這些好奇，我去探訪了布倫特，問他：「你知道的，通常博士生和自己的導師關係比較微妙。在中國學生看來，自己的導師手握『生殺大權』，未來能不能畢業、能不能拿到一份好的推薦信，全掌握在導師手裡，所以大家對導師幾乎是言聽計從，不會反抗。這使得博士吐槽自己導師的情況很普遍，就像下屬吐槽老闆一樣。為什麼你的博士生對你幾乎是零差評？」

布倫特說：「其實他們也經常吐槽我的。有幾次我路過實驗室，看到他們幾個圍在一起，吐槽的話不小心就飄進了我耳朵裡。我絕對不是故意偷聽，但我知道，他們在吐槽我。不過我真的不介意，因為我能感覺到他們也是真心喜歡我。他們願意在我面前開玩笑、願意和我搭同一部電梯下樓、願意和我一起吃霜淇淋、來我家參加聚會時很放鬆，這些細節告訴我，我和我的學生之間沒有隔閡。」

「對。我聽過一些學生和導師關係很糟糕的故事，他們一聽到老師的腳步聲就放棄了正在等待的電梯，改走樓梯，就是不願意和老師碰面。為什麼你能和你的學生維持那麼好的關係？」

「其實我並沒有刻意維持，可能我只是習慣做事前先讓自己盡量退一步考慮問題。比如，問問自己：我的學生現在實際上處於一種什麼樣的學習環境？我為他提供了適當的環境和機會嗎？作為一群來異國他鄉求學的年輕人，他們現在在乎什麼？……站在學生的立場多想想，不能因為我的位置更高、掌握的資訊更多，就去要求、責備別人沒有做到我能做到的事。我想也許是這種想法，讓我的學生覺得我是一個相對公平的人，他們能感受到尊重。」

布倫特說的這點我是相信的，因為他的幾位博士生對他的態度，的確更像對一位年長的朋友，而非老師或老闆。

除了對他和學生的良好關係好奇外，我對布倫特自己的背景也充滿好奇。據我所知，他從著名的常春藤名校之一賓夕法尼亞大學博士畢業後，曾是一名實驗物理學家，先後在兒童醫院做過研究員、當過數學老師，現在又成為研究睡眠和癲癇的神經工程學教授。感覺數理化的江湖裡他什麼都做過、什麼都能做，說他是一位斜槓中年絕不過分。

我把「斜槓中年」的想法告訴了布倫特，他欣然接受，但做了修改：「斜槓很重要，但不是玩票的斜槓，而是要成為專業斜槓人。」

利器一 成為專業斜槓人

我對布倫特的評價是：不當物理學家的數學老師，不是好神經工程學教授。這兩年流行的「斜槓青年」，布倫特在很多年前就在身體力行了。

看事情積極的人認為斜槓青年是在拓寬人生的邊界和能力，順帶還能賺點外快，何樂不為？不看好的人認為多數斜槓人士只是玩票心態，真正能把事情做好、做專精的人少之又少，網鋪得太大反而沒有專長，這只是在一個概念被炒作下，又一次集體跟風與騷動。布倫特提出了不一樣的見解：斜槓要做，但只做專業斜槓人。

「和很多走學術道路的人不同，他們按部就班讀書、做博士後，然後找教職、拉經費，在一個方向做下去，『熬』終身教職，你的職業軌跡似乎更『跳躍』。所以你是計畫性地走到今天這一步？還是誤打誤撞？」我問布倫特。

「你說的兩種應該都不算。我本身就是喜歡嘗試的人，我希望能夠在嘗試中更確定自己想要做的事情。」

「現在年輕人的世界裡特別流行『斜槓青年』這個詞，感覺和你的想法有點像。」

「如果你說的『斜槓青年』不是玩票性質，而是花點功夫鑽研得深一些，那我覺得斜槓青年這個說法不錯。我應該是斜槓中年。」

我對布倫特提到的「花點功夫鑽研得深一些」很好奇，想知道到底要花多少時間、鑽多深，於是追著他繼續問：「你的每一次職業轉換花了多久呢？」

「至少也要五年以上了。比如，我博士讀的是物理專業，和我的本科專業不同。我在本科期間就有打算未來做學術研究的計畫，我認為物理學的基礎知識非常重要，因為在物理學中，你必須實事求是，不能妥協讓步，不能與人討價還價，不能試圖取悅他人。如果你的公式出現錯誤，那接下來的推導就一定無法進行下去。」

物理學不僅僅是讓人掌握一些知識，對打算從事科學研究工作的人來說，它更能鍛鍊你的科學態度和思維。我認為這種科學背景很重要，所以就花了幾年時間讓自己在這方面受訓。但我知道自己不想探尋宇宙的真相之類的，而是想做一些『實在』的研究，想研究人，想知道人為什麼會思考、大腦怎麼工作的這些問題，所以我轉向『攻人』。

「恰好那時候家裡親戚剛出生的孩子患了癲癇，我幫忙尋醫的過程中才發現，人類對這種病的研究還停留在很基礎的層面，但它又是一種反復發作的神經系統綜合症，對孩子和整個家庭是巨大的傷害，所以就跑去華盛頓的一家兒科醫院工作六年，研究發病資料和治療的儀器等。」

布倫特下面說的這段話，讓我對他口中的「專業斜槓人」有了更深的理解，他說：「如果你想取得非凡的成就，只有兩條路可走：第一，在一個領域苦心鑽研，成為最優秀的人。像喬丹或麥可．傑克森那樣，成為自己領域的前三名，但這條路實在太難走了，就算你一直走，也未必能走出什麼名堂。所以第二條路是更容易一些的選擇。那就是在兩個甚至更多的領域成為比較優秀的人，最起碼做到前三十%，二者相得益彰，會更容易出彩。想像一下，一個優秀的畫家，比普通人幽默，又有一些商業頭腦，無論從包裝自己還是包裝商品的角度看，他都比只會畫畫或者只會談笑的人更容易被注意到。」

其實，布倫特所說的，成為專業斜槓人是需要綜合技能的。例如作為職場人，你推銷能力好的同時演講能力還不錯，那麼就更容易成為管理階層。就像都是從矽谷起家的印度人和中國人，論技術二者相當，但印度人的教育軌跡一般都是「工科加工商管理學位」，所以現在美國巨頭公司裡的高管們出現越來越多印度裔面孔。

布倫特說，專業斜槓人的意義在於：一方面，自己要有探索未知領域的勇氣，畢竟世界發展這麼迅猛，停止探索，意味著自斷後路；另一方面，和普通斜槓人相比，**專業斜槓人的「專業」之處在於，你能夠找到兩者或更多相關聯的地方，當你發現一個值得深入研究的領域時，要有足夠的智慧讓自己停止「亂」探索，而是把這個「結合處」深鑽下去。**

「你的斜槓是貨真價實的斜槓，鑽研得這麼深要花很多時間和精力，所以你一週工作六天、每天工作時間基本上維持在十二小時，是這個原因嗎？」我問布倫特。

「作為一位帶著幾名學生、手上有幾個項目、每週要完成教學任務、還要負責院系裡的一些行政事務的教授和副主任，我的工作性質決定了我必須花那麼多時間。我才五十歲，正是年富力強的年齡，太閒了不好吧？」

「那你怎麼保證把這些事情都做好？同時還要兼顧家庭？」

布倫特想了想，告訴我：「我保持忙碌，但不會忙碌到讓事情失控。當我發現事情可能走向失控時，我會讓自己停下來。」

利器二　過於忙碌就等於失控，所以你需要停下來

布倫特說，當他做一件重要事情，卻發現自己完全沒有時間處理另外一件重要事情時，他知道自己即將失控了。「我太忙了，我沒時間做這件事！」這句話在布倫特聽來是一個無法控制自己生活的人會說的話，說明應當重新審視自己的做事方法和原則了。

布倫特的方法就是停下來，去休息一下。我曾在紀錄片《走進比爾：解碼比爾·蓋茲》裡看到比爾·蓋茲有一個習慣。二十世紀九〇年代，比爾·蓋茲還在

微軟時，他就會定期前往胡德運河，那裡有一所簡約的房間，房間裡有書桌、椅子和裝滿了可樂的冰箱，他在那裡獨自一人過一個星期，別的什麼都不幹，只有讀書和思考，這就是他所謂的「思考週」。

比爾．蓋茲將自己的大腦比作電腦的CPU，收集資訊、處理資訊，而「思考週」就像是比爾．蓋茲為自己設置的「系統維護」，用一週的時間來培養自己的專注力、拓寬思路。

商界人士似乎有與世隔絕、定期沉澱自我的習慣。曾以投資推特（Twitter）和優步（Uber）而被譽為矽谷「最具眼光」的投資人克里斯．薩卡（Chris Sacca）也是如此。二〇〇七年，他準備成為投資人後，從鬧哄哄的舊金山搬離，在一個適合滑雪和徒步旅行的鄉村買了一座小屋，目的在於希望能夠專注於自己的事業，希望有時間靜下心來學習自己想學的東西，積累一些自己想要積累的東西，切實發展自己希望發展的關係，而不是整天一杯接一杯地喝咖啡、參加那些沒意義的社交晚宴。

這間小屋不僅給克里斯提供了思考的空間，還成為他高效積累人脈的場所。

他借錢建了這所帶三個臥室的房子，然後定期邀請一些特定的公司創始人來他的「茅舍」和「澡盆」（室外的熱水浴缸）度過週末，這其中包括促使他完成對優步、推特等公司投資的一些人。當初借錢建的房子，結果讓他結交了一批受益終身的朋友，把生意做得風生水起。難怪他曾說：「這間小屋是我做過最划算的一筆買賣。」

比爾．蓋茲和克里斯．薩卡都是懂得「及時喊停」的人，當我們的大腦和生活處於高速運轉、可能即將出錯時。

布倫特也一樣。他在十幾年前用攢的一筆錢買了一間木屋，木屋所在地非常偏僻、原始，他刻意沒有接通網路、電視，甚至電（最近幾年年紀漸長後發現不太方便了，才在幾年前通了電，但依舊沒有網路）。

每年暑假，他會抽出十天左右的時間，帶妻子蘿拉和兩個兒子去那裡開始過原始人般的生活。度假期間，他每隔兩、三天會開車一小時去鎮上的圖書館上網查收一下郵件，其他時間以釣魚、思考、讀書、讀論文和與家人閒聊為主。這項家庭傳統被執行了十幾年。

「是不是從事大量腦力勞動的人，都喜歡去荒郊野嶺放空大腦？」我半開玩笑半認真地問布倫特。

「反正我是挺喜歡的，別人我不清楚。我覺得不一定非得去『荒郊野嶺』，而是你能找到一種適合自己的方式，去幫自己擺脫那種無助於提高生產力的思維。不停疊加自己的工作、因為一件重要的事而放棄另一件重要的事，這都是不對的。這在我看來也是一種懶惰。」

「都忙得團團轉了還是懶惰？」

布倫特給我解惑：「長期放假、不做事、放縱是懶惰，忙到失控也是一種懶惰。因為人習慣依著慣性做事，而不去反思自己做事的方式，這就為懶惰提供了空間，讓忙碌侵蝕了自己的思維。此時，你讓自己停下來，恰恰是一種努力，讓你勤奮地整理自己的思緒、探索更好的做事方法。阿基米德在浴缸中的『靈光乍現』、牛頓的蘋果、苯環的發明，都說明了這個道理。」

不過，比爾·蓋茲、克里斯·薩卡和布倫特的放空、休假還是和普通人不同的，我們普通人休假是純玩，去睡懶覺、享受美景美食；他們這些專業人士的休假是把自己從繁雜瑣事中隔絕開，騰出空間和時間去更好地思考、探索。讓瘋狂運轉的大腦暫緩，但絕非停止。

我在美國生活的這些年，接觸了很多博士生、做科研的人，發現大家都有類似的習慣。比如，老劉在每個週末的下午和晚上都會待在實驗室裡，哪怕不做實驗、哪怕要掐著大腿看論文，他都會強迫自己待一段時間。這和是不是工作狂無關，而是在週末純粹休息兩天後，很難在週一早上找到做研究的狀態，要維持這種大腦運轉的慣性，即便它減速，不在狀態中，也得讓它堅持轉下去。

布倫特的休假方式給我的啟示是：作為職場人，你想在職場生涯取得更高成就，就需要放棄「一刻不停地工作」和「徹底休息」兩個極端。

保持忙碌但懂得減緩、不至失控，也不要徹底斷電，不斷去尋找「最在狀態」的那個平衡點，這是我們的必修功課。

利器三 堅持自己的標準

布倫特「堅持自己的標準」，在他家某次舉辦的聚會上，讓客人們領略了一下。開飯時，一大幫人圍桌而坐，各自拿著盤子揀選自己想吃的菜，我正要對一盤沙拉下手，突然被布倫特叫停。

「我要把這盤菜暫時撤下去，請各位見諒。」布倫特的舉動，讓在座的十幾位賓客不解。

他繼續解釋：「這盤沙拉的做法是我家『祖傳』的祕方，非常好吃、獨特。但昨天購物時，常用的那種乳酪沒有了，我偷懶就用別的乳酪替代。剛才嘗了一下味道，我真的不能接受我家祖傳三代的祕方沙拉就這樣被我毀了。抱歉各位，我要暫時撤下這盤菜，去別的超市看看有沒有常用的那種乳酪，然後重新加工一下。你們先用餐。」

每位客人都覺得不需要，因為沙拉已經很好吃了（對我這種幾乎分不出乳酪區別的人來說更覺得此舉小題大作），雖然開車去最近的超市買乳酪，然後重做一盤並不費工夫，大約十五分鐘就能完成，但真的有這個必要嗎？

還是他老婆蘿拉懂布倫特：「隨他去吧，要是不做出一盤和祕方一樣的沙拉，他今晚會失眠的。」

還好二十分鐘後，布倫特端上來一盤在他看來終於是完美的沙拉。「堅持自己的標準」，通常是「高標準」。但它和我們經常「批判」的完美主義者不同。前者知道事事難圓滿，但在不完滿中依然有自己的原則和要求要堅守。

為了寫這本書去採訪布倫特時，我提到了發生在幾年前的這起「沙拉事件」。我開玩笑地說：「還好只是沙拉出了問題被你修正，要是主菜不符合你心意，在場的人只能吃沙拉充飢了。」

布倫特說：「我不會允許最重要的事情，比如烤羊發生意外狀況。沙拉不符合我的預期是因為我當時偷懶了，懶得跑去第二家超市買對的乳酪，結果就是最後我還得花時間彌補這個問題。」

「你不會覺得有點小題大作了嗎？」

「對一盤菜而言，也許吧，尤其是我不是專業的廚師，你們參加的只是家庭聚會而不是專業美食鑑賞會時。但我確實有自己的標準要堅持，這種習慣影響著我的工作和生活的各方面。」

「高標準、高要求通常被視為好習慣，尤其你對自己也這麼要求時。但在我看來，它很反人性，人天生喜歡偷懶。我很好奇你為什麼會有這種習慣？」

「我以前就是個堅持『平均標準』的人，覺得差不多、過得去就可以。考一百分太難，能有七八十分過得去就好。後來因為這個『平均標準』受傷過，才下決心接下來的人生都要高標準要求自己並堅持。」布倫特和我講起了二十多年前，他讀博士期間為自己的「平均標準」付出代價的往事。

在讀博士期間能夠在專業內的一流期刊上發表論文，這對將來的職業生涯很有幫助，尤其是想從事科研工作的話。但做實驗、找資料、撰寫論文、等審稿通過是一個漫長且充滿變數的過程，可能好幾年都要與失敗為伍。布倫特在博士的第三年，實驗資料一直不太出色，為了能在第四年畢業前有一篇論文發表出來，有點著急的他選擇了幾組表現平常的資料，撰寫成文後希望投給一些二流的期刊。要知道布倫特的博士是在賓夕法尼亞大學就讀的，他跟隨的導師是業內大人物，整個實驗組出的成果、發表的論文都在圈子內頗受好評。當他把這篇有著平庸數據的平庸論文交給導師看時，導師當場投來了鄙夷的眼神。

「我永遠都記得那蔑視的眼神，那好像是在說，如果我再那樣做，就不用來實驗組了。我的導師告訴我：『如果沒有準備好，那就不要把普通的資料發出來，不要心存僥倖，寄希望於一個普通的資料、普通的結論能引起關注。對一些行業來說，普通就是低於標準，你要麼直接做得足夠好、要麼做出補救，而不是明明知道做得低於標準，但仍然希望僥倖過關。』這種教訓你只需要一次就夠了。保持標準，尋求幫助，做出修補，做任何有必要做的事，除了欺騙自己和別人。」二十多年過去了，我相信這件事對當時的布倫特來說無疑是當頭棒喝，至今他講起這些話時還十分嚴肅。

高標準、嚴要求的人無疑是「麻煩的」、「難搞的」，但作為科研工作者，尤其是還帶領學生的導師，他們的一舉一動和處事的價值觀都會對學生產生巨大影響，而這種影響無疑又會對一個領域的發展產生作用。從這個角度來說，布倫特維護自己的標準沒有錯。

每一個「堅持自己標準」的人背後都經歷過三個階段：第一階段：絕望。一直堅持太難了；第二階段：希望。看到了一些堅持後的好結果；第三階段：習慣。讓堅持高標準融入自己的生活和工作中，成為常態。

布倫特無疑已跳到「習慣」這個階段，而且從他目前的工作和生活來看，這種堅持值得。

小結

利器一：成為專業斜槓人

你自己要有探索未知領域的勇氣。能夠找到兩個以上相關聯的地方，當發現一個值得深入研究的領域時，要有足夠的智慧讓自己停止「亂」探索，把這個「結合處」深鑽下去。

利器二：過於忙碌就等於失控，所以你需要停下來

1.「我太忙了，我沒時間做這件事！」聽來是一個無法控制自己生活的人會說的話，說明你應當重新審視自己的做事方法和原則。

2. 作為職場人，你想平步青雲、在職場生涯取得更高成就，需要放棄「一刻不停地工作」和「徹底休息」兩個極端。保持忙碌但懂得減緩、不至失控，也不要徹底斷電，不斷去尋找「最在狀態」的那個平衡點。

利器三：堅持自己的標準

每一個「堅持自己標準」的人背後都經歷過三個階段：

第一階段：絕望。一直堅持太難了；

第二階段：希望。看到了一些堅持後的好結果；

第三階段：習慣。讓堅持高標準融入自己的生活和工作中，成為常態。

思考與練習

❶ 你目前的專業／工作是什麼？有和它們相關的、恰好也是你感興趣的事情嗎？

❷ 你還在用「時間統計法」記錄自己在每天的時間開銷嗎？找出那些讓你忙瘋的「正事」，然後想辦法給自己找到一個喘息的機會，哪怕是把帶薪如廁從十分鐘延長到二十分鐘。

❸ 給生活、工作、愛情、親情、友情、健康、財務這六個緯度裡的每一條設置至少一條「底線」，將其視作自己不可動搖的標準。

CHAPTER

07

大腦高效運轉的祕密

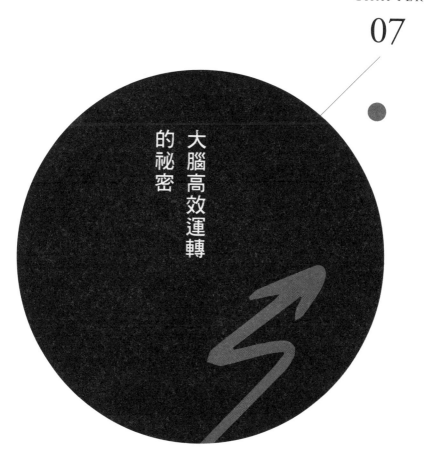

凱文是那種你第一次見到會有點距離感的教授：身型壯碩、一頭白髮、不苟言笑，還總喜歡蹙著眉。學生看到他就會想：「天哪，我是不是考試沒及格？」他是那種天生會讓陌生人有緊張感的人。但是，當你開始和他交談並逐漸和他熟識，你會看到他的真面目——一位喜歡和你說笑、會天馬行空向你提問的長者。

我認識的一個學生曾告訴我，有一次大家正在考試，凱文是監考老師，他滑著手機，突然推特的提示音響了。凱文一臉歉意地對整個教室的學生說：「抱歉，是我忘了關推特提示音，我正在熟悉這個傢伙，大家千萬不要拿手機啊。」

再過兩年，凱文就要七十歲了，但他對大腦研究的癡迷依然不比四十多年前剛入行時弱。大腦裡每個區域、每塊皮層、主管的功能他倒背如流，完全是一部「腦字典」。進行腦切片時，手起刀落，既穩當又漂亮。他教授的大腦實驗課多年來被所在高校評為經典課程，選修的學生很踴躍，即便他們將來不從事腦研究，一學期也足夠成為他們一生中一次精彩的人體探險。

凱文和很多科學家一樣，科學研究走的是一條常規路。本科、碩士、博士，都是在高校綜合排名前十的學校完成的，然後去了費城的醫院實習、工作，最後成為一流公立高校的教授，一做就是二十五年。

我問凱文：「搞科研是一件極其耗費腦力的工作，從博士算起至今有四十餘年了，並且你還在持續做下去，授課、做專案、帶學生，沒有一樣荒廢，你是怎麼保持五十年來大腦都清醒運轉的？我寫稿子，連續寫四個小時就覺得筋疲力盡，你讓大腦高速運轉了五十年，不累嗎？」

「首先，澄清一點，我的大腦從我十歲起就開始高速運轉了，我從小就是那種喜歡天馬行空、胡思亂想的孩子。小時候，朋友們都在拿石頭丟著玩，看誰扔得遠。我想的是能不能用火把石頭融化？能不能用水把石頭泡軟？玻璃和什麼樣的石頭硬度差不多？一開始，我父母還挺配合我，後來他們發現我越來越不著邊際，索性放任我一個人瞎想。

「研究腦神經，有一部分原因是我對人腦癡迷，另一部分原因是這份工作能逼著我不得不一直思考。在我看來，這世上能讓你真正動腦思考的工作不多，需要一直動腦的工作更少，很多工作最後都會淪為制式化，甚至壓根不需要你動腦。」

「你是怎麼保持一直動腦的?難道就沒有疲憊的時候嗎?」我實在好奇。

「當然有。當我的大腦運轉累了,我會用喝咖啡這種最簡單、見效最快的方法讓大腦盡量恢復狀態。從五年前開始,我喝咖啡的量減少了,每天也就三杯,之前一直是每天五杯。我還會盡量帶著問題上床睡覺,保持自己的大腦在睡前思考。」

利器一 有意識地帶著問題睡覺,形成自己的「思考儀式」

我的睡眠品質很差,為了拯救自己的睡眠,我讀過不少相關的書籍、論文和報告。但在我印象裡,幾乎沒有專業人士建議一個人帶著許多問題去睡覺。通常,他們給出的建議都是在臨睡前盡可能放鬆,可以喝點紅酒、聽聽舒緩的音樂、看一本輕鬆的書、尋得一套舒適的寢具等。

凱文的做法完全不同。

「如果沒有別的安排,我每天和妻子吃過晚飯後,我就會開始思考白天的工作和問題。通常，我會把自己想要在晚上思考的問題記到筆記本上。比如我想要解決的問題是：大腦切片課上的哪些環節能夠設計得更有效？實驗資料不理想，可能存在的問題有哪幾個方面？」等等。

「然後我會去想可能的解決辦法，比如哪些關鍵點可能會限制問題的解決，還是有助於解決問題？我有哪些方法或資源可能用得上？我想要做的就是利用睡覺前的休息時間對問題進行思索，讓想法自由迸發，並據此想出解決方法。因為當你把問題寫下來，『種』進腦子裡時，即便你在休息或者做其他事時，你的潛意識裡也會思考這些問題，並尋找解決方案。」

凱文說的這些，我身為寫作者頗有同感。每次收到邀約寫稿時，我都會把選題和要求敲在文檔上，多讀幾遍。這些東西會在你的心裡和腦子裡萌芽，即便你在做別的事，它們也在醞釀、發酵。很多時候，不經意的想法、靈感或素材就冒出來了，完美地契合了主題。

我把這些想法講給凱文聽，他說：「你理解得很對。我的本意不是鼓勵每個人都在晚上或者睡覺前進行高強度思考。我的大腦適合在夜晚思考，但有人可能更適合在洗澡、上廁所的時候進行思考。我想說的是：首先，你得不排斥、不懼怕思考這件事，尤其是你的工作需要進行大量思考時；其次，你得多嘗試從不同時間段找找自己適合思考的時候，可能有最佳時間段，但也不要放棄那些『還可以』的時間段去思考，你不知道它會給你帶來什麼樣的結果。」

我問凱文是否能對自己思考的這種「儀式」稍作一個歸納，因為我聽他在前面說時特意強調了「寫在紙上」這個行為。不知道是不是還有其他哪些步驟是思考不可缺少的。凱文想了想說，他的「思考儀式」有以下四步：

第一步：找一段較長（至少四十分鐘起）的空白時間，在這段時間裡不受打擾。

第二步：把問題寫下來，白紙黑字放在眼前。他認為寫在紙上比寫在手機備忘錄或者電腦文檔上要好，因為紙筆沒有額外的「誘惑」讓你去點擊其他內容。

第三步：圍繞一個問題開始思考可能性，包括推敲、計算，如果需要查閱其他資料可以先記下來，盡量不要中途打斷。

第四步：堅持自問三次「為什麼」，尤其是你思考的問題涉及內在動機、主觀判斷等這些更偏「人為因素」的情況時，比如「為什麼你會做出這個選擇？」或「為什麼你想用這種方法？」

凱文告訴我，他不僅堅持執行這些「思考儀式感」，為了讓自己能長久從事科學研究，他多年來還堅持玩一個小遊戲來鍛鍊大腦「肌肉」。遊戲很簡單，讓妻子或者親人、朋友每天隨便提出一個問題，範圍不限，上到關乎宇宙人類的，下到涉及柴米油鹽都可以。在問題提出後，凱文堅持想出多於十個點子去「解決」這個問題。他甚至會做記錄，以防問題被重複提出，或者答案被多次使用。

凱文特意強調：「這是一項練習，未必真的要去解決問題，但一定要督促自己想各種可能性去嘗試。習慣性地練習比想到的主意本身更重要。」

提到思考，我不可避免想到了「失敗」這個詞。雖然我不是一名科研工作者，但過去五年，我看著身邊的博士、教授們忙忙碌碌，每天聽他們的對話，領悟到的一個真相是：科研路上會經歷九九八十一難，但你也未必能像唐僧一樣取得真經。做科研的人幾乎就是在錯誤堆裡這麼摸爬滾打著前行。不誇張地說，一個科學家能成功靠「兩條腿」，一條是要具備過硬的智商和扎實的學術功底，而另一條，是對待錯誤和失敗的態度。所以我很好奇，凱文如何看待失敗這件事。

利器二 不為失敗唱「讚歌」，願意再試一次

不知道是不是看多了失敗，凱文對失敗的解讀很犀利，他認為失敗就是一場徹頭徹尾的悲劇。

「人們總想為失敗唱『讚歌』，好挽回一點顏面，找到一點意義，可我認為失敗就是失敗，它是一場徹頭徹尾的悲劇，並沒有什麼唯美的元素。那些沉重的打擊、喪失的自信、低落的士氣、難以下嚥的悲觀，你得統統承受。」凱文說得很嚴肅。

「可總有人會從失敗中學到點什麼吧，這些也是失敗的價值。」

我還在努力為失敗唱「讚歌」。

「你當然可以這麼看待失敗。但我認為，失敗不是用來教育人的，太多人並不能從失敗中學到什麼經驗教訓。一方面，這世上真正會思考、反思的人不多；

另一方面，很多人接受失敗的態度並不是像你說的那麼積極樂觀，還會去學習經驗教訓，更多人面對失敗的態度是逃避、推卸，甚至崩潰。所以，我覺得失敗的價值其實很低，沒必要美化它。」凱文對失敗的否定態度很堅定。

「這麼說吧，做研究的人基本算是與『失敗為伍』，我很難相信你對失敗的想法如此悲觀。我相信在你幾十年的研究生涯裡肯定遇到過無數次失敗，難道你都是靠著這麼悲觀的態度度過的？」我問凱文。

「我不認為自己看待『失敗』是悲觀的，我只是正確理解失敗。而且我認為失敗沒有價值，不代表就會被它擊敗。其實，你對失敗秉持什麼態度不重要，重要的是，無論如何你都願意在失敗後『多試一次』。」

凱文的這個看法讓我想到了以色列這個國家的人民。以色列人對失敗的看法和凱文頗為相似：我們不包容失敗，我們包容再次嘗試。我曾在相關的圖書、電影和紀錄片裡對以色列人的這種精神有所領悟。

以色列是個神奇的國度，它在近半個世紀以來經受過無數戰爭，國土只有二．五萬平方公里，且大半國土都是貧瘠的沙漠，資源匱乏。然而這個人口八百多萬的小國，人均GDP卻達到了四萬多美元，略高於日本，與英法相當；建國僅六十多年，卻能拿下十二個諾貝爾獎，其中十位得主還是過去二十年內誕生的；以色列還被稱為「創業之國」，這個國土面積比北京還要小的國家，卻是納斯達克上僅次於美國的創業大國，種種成就可說是相當耀眼。

在以色列，從學生到成年人都喜歡談論創業，但九十六%的創業企業都會失敗，把「創業」和「失敗」劃上約等號不算誇張。

設想一下，如果我上高中的孩子天天「不務正業」忙著當所謂的CEO，和其他的十幾歲未成年孩子「開會」，討論多半會失敗的「產品」，作為一位從學生「進化」成家長的人，我八成會投反對票，連「訓斥」孩子的臺詞都想好了：不要「搞怪」了！是高考倒計時的牌子不顯眼？還是你成績好到能夠保送好大學了？

但以色列的家長格局比我大多了。在《他鄉的童年》這部紀錄片裡，一位在高科技行業工作的猶太媽媽這樣看待孩子的創業：如果孩子確實喜歡創業，家長和學校都會鼓勵（高中學校甚至為學生提供初創公司項目培養）。因為他們認為，在創業的過程中，你吸取到的經驗和教訓更為重要，因為它教會了孩子如何應對失敗。

但猶太人對失敗這件事有著更加積極、正面，甚至英雄色彩的定義。在猶太人的眼中，真正的英雄不是上來就贏的那種人，而是一直失敗卻永不放棄、勇於嘗試的人。紀錄片裡一位以色列大學的教授對失敗的態度總結得很好：我們包容的不是失敗，我們包容的是再次嘗試。

我向凱文講述了這部紀錄片裡猶太人對失敗的看法，凱文非常贊同。他說：「儘管猶太人還是美化了一點失敗，但我與他們的核心相似，那就是『再次嘗試』才是最重要的。」

凱文說的「再次嘗試」這種精神讓我想到了前兩年很熱門的一個詞「堅毅（Grit）」。賓夕法尼亞大學心理學副教授、美國麥克阿瑟獎獲得者安琪拉·達克沃思（Angela Duckworth）經過多年科學研究證明，這種被稱之為堅毅的品質才是人生取得成就的關鍵性因素。

凱文告訴我：「雖然你認為我把失敗看作是一場悲劇的說法過於悲觀，但在我的兩個兒子還小的時候，我就告訴他們：失敗的結局可以是輸，也就是當你徹底放棄時；也可以是爬起來繼續前進，直到達成所願。」

我想凱文教育孩子對失敗進行如此解讀的方法應該是成功的，因為他的兩個兒子都找到了各自人生的使命感並為之奮鬥——一個在高校攻讀自己喜歡的領域的博士；一個在非洲的賴比瑞亞工作，為當地人民解決衛生環境問題。

我對凱文「失敗觀」的形成很好奇，便問他為什麼會對失敗有這樣的看法。

「形成這種『失敗觀』很容易，從小參加體育競技訓練和比賽的人都懂。我認真投入時間和精力學習的第一項競技體育項目是摔角，從七歲一直到十二歲。我用了一年學會不在練習中被摔哭、用了兩年學會不在對抗中被摔哭、花了三年才學會不在比賽失敗中哭，而是收拾起難過回到練習場地繼續備戰下一次比賽。如果你想讓你的孩子將來擁有一顆堅毅的心，就讓他長期從事一項體育競技比賽，從中得到磨練吧！」

利器三 往小處看，達成最小目標

老劉和法爾札內都曾上過凱文的大腦教學課，得到了一致好評，課程設計得很清晰，理論與實踐結合得當，是一門會讓學生有成就感的課程。

「你說的成就感是來自對新知識的汲取嗎？」我問法爾札內。

「一部分是。還有一部分是凱文教授有一種魔力，讓學生在課程參與的過程中就能體會的成就感。很神奇。」法爾札內說。

我把法爾札內和老劉的這種感受告訴了凱文，問他祕訣是什麼。

凱文咧嘴笑開，說：「哪有什麼訣竅，不過就是讓學生們從總能達成的最小目標開始，成就感自然就有了。」

凱文接著解釋：「這可能和我從事的研究有關吧。大腦是一個複雜的機器，多少科學家終其一生都只能研究極小的一部分，甚至研究三十年也才剛入門而已。所以，我習慣了凡事都往小處看。很多人都喜歡來個大目標，大目標能彰顯一個人的能力和魄力；而且大目標更安全，因為總能有退路。但我習慣問自己：

我能夠達成的最小的目標是什麼?值得我付出時間的最小的項目是什麼?為了最大化的實現教學目標,我能夠帶的最少的學生數量是多少?往小看的好處是,它很容易實現。實現之後,再去夠那些中等的、宏大的目標,讓自己更有底氣,能確保自己身在其中不容易產生過多的危機感。」

凱文的「實現最小目標」讓我想到了美國作家史蒂芬・蓋斯(Stephen Guise)提出的「微習慣」這個概念。微習慣是一種非常微小的積極行為,微小到你每天幾乎不花費力氣就能完成的目標。它的要素是:微小的目標、極少量意志力、長期堅持。

蓋斯正是憑藉微習慣,憑藉健身、閱讀和寫作三大特長,讓自己從一位懶癌患者,成為美國千萬青年的偶像。

他是怎麼做到的呢?從每天一個伏地挺身、每天讀一頁書、每天寫五十字的微目標開始。一般人的目標可能是每天三組伏地挺身、每組二十個;每天閱讀一小時;每天寫兩千字。這兩種目標一比,毫無疑問是蓋斯的那種更容易讓人動起來,並長期堅持下去。因為它們實現起來太簡單,幾乎沒有失敗的可能,一個伏地挺身幾秒鐘就能搞定，讀一頁書、寫五十字，幾分鐘就能搞定。因為容易實現，所以就避免了我們不敢開始的糾結心態。

此外，微目標還符合進化心理學。人類大腦總是排斥耗能費力的事情，儘管是那些從長遠來看很有好處的事情，比如健身、閱讀。但因為微習慣的目標小到不可思議，所以你的大腦不會產生排斥，也不需要特別花心力去做。做一個伏地挺身太容易了，就算你忘記了做，在晚上臨睡覺前想起來，不到幾秒鐘就能完成，也會毫不含糊地做了。所以很容易堅持下去。可微習慣真的會改變現狀嗎？

就拿健身來說吧，每天做一個伏地挺身，就算養成習慣，一年之後也很難擁有想要的身材吧？理論上來說，這樣的微習慣不會有效果，但實際上絕非如此。如果三百六十五天，你真的每天都只做一個伏地挺身，只有兩種可能性：第一，你是個機器人，完全按照設定的程式走，一點變動的可能性都沒有；第二，你根本就不想擁有好身材。

能養成微習慣的前提是，你真心想實現某個目標或願望。如果你真的想鍛鍊好身材，就不會在三百六十五天中每一天都只做一個伏地挺身。大多數情況下你都會多做幾個，之後，你就進入了行動狀態，再利用已經動起來的慣性，以及行動帶來的信心（微目標完成後帶來的成就感）繼續鍛鍊。

蓋斯就是這樣，做了一個伏地挺身之後，覺得再做幾個也不費勁，於是又做了幾個伏地挺身，然後又做了幾個引體向上，一旦動起來，身體就會被啟動，直到最後他足足做了三十分鐘的鍛鍊。

你可以說設定微目標具有欺騙性，但它存在的意義就是讓我們能夠輕鬆開始並堅持。而且，就算你真的不想超額完成，只維持最小數量，微習慣在很多方面還是會帶來豐厚的回報。

就拿讀書和寫作來舉例。假定我們的微習慣是每天看書五分鐘。一年下來，我們可以輕輕鬆鬆拿下十本普通厚度的書。寫作也是一樣，每天花五分鐘（大多數時候其實只用一到兩分鐘）寫五十個字，一年下來就有兩萬字了，按照一篇文章兩千字算，也差不多有八到十篇文章了。

微習慣的養成具體來說有以下六個步驟：

第一步，發自內心地問問自己希望達成的目標是什麼。如果微習慣讓你覺得痛苦，說明你內心並不想養成這種習慣。

第二步，考慮清楚後，列出微習慣清單。制訂清單時，不要貪多求全，先制訂三個以內的微習慣足矣。如果清單專案太多，會分散時間和精力，一旦做不到，自信心將嚴重受挫。

第三步，執行微習慣時，可以隨機應變，完成就行。比如，定好了每天晚上九點讀書五分鐘，但在週末臨時看了一場電影，回家晚了，十點開始讀書也無妨。

第四步，記錄微習慣執行情況，建立回饋機制。在養成微習慣的過程中，可以利用各種App（跑步App、讀書App、睡眠App等），記錄自己對微習慣的執行情況。憑藉這些工具，每個人都可以進行自我管理，關注自身成長變化。

第五步，給予微習慣回報獎勵機制。微習慣雖小，但能堅持下來也值得獎勵。所以定個「節點」，當完成時給予自己一個有儀式感的激勵。

第六步，持之以恆，讓微習慣成為條件反射。當微習慣發展成慣性動作時，我們不用刻意提醒自己，自己就會去做，這時成就感也會油然而生。

但微習慣和凱文說的「實現最小目標」還是有風險的。凱文提醒我說：「如果你選擇了實現最小的目標，結果失敗了，自信和自尊真的會遭受重大打擊，所以對小目標務必要全力以赴。」

小結

利器一：有意識地帶著問題睡覺，形成自己的「思考儀式」

第一步：找一段較長（至少四十分鐘）的空白時間，在這段時間裡不受打擾。

第二步：把問題寫下來。寫在紙上比寫在手機備忘錄或者電腦文檔上要好，因為紙筆沒有額外的「誘惑」讓你去點擊其他內容。

第三步：圍繞一個問題開始思考可能性，包括推敲、計算，如果需要查閱其他資料可以先記下來，盡量不要中途打斷。

第四步：堅持自問三次「為什麼」，尤其是你思考的問題涉及內在動機、主觀判斷等這些更偏人為因素的情況時。

利器二：不為失敗唱「讚歌」，願意再試一次

長期從事一項體育競技比賽，從中得到磨練。

利器三：「往小處看」，達成最小目標

1. 微習慣＝微目標＋極少量意志力＋輕鬆長期堅持。
2. 微習慣的養成，具體來說有以下六個步驟：

第一步：問問自己發自內心希望達成的目標是什麼。

第二步：考慮清楚後，列出微習慣清單。制定清單時，不要貪多求全，先制訂三個以內的微習慣。

第三步：執行微習慣時，可以隨機應變，完成就行。

第四步：利用便捷的App記錄微習慣執行情況，建立回饋機制。

第五步：給予微習慣回報獎勵機制。

第六步：持之以恆，讓微習慣成為條件反射。

思考與練習

❶ 總結一套屬於自己的「思考儀式」，包括時間、時長、工具、問題。

❷ 面對失敗，你是更容易「站起來」、逃避，還是「被打趴下後長久起不來」？選擇一項運動，投入進去，無論是體育類還是手工類，又或是益智遊戲，只要它包含大量失敗的機會就行，從中砥礪自己。

❸ 制定自己每天的微習慣，堅持去完成。記得記錄、觀察一個月、一個季度、一年後的變化是什麼？

CHAPTER

08

掌控人生的選擇權

史蒂夫是一位科學家、醫生、院系創辦人，在業內獲獎無數、常年待在非洲開發中國家，救助過許多兒童。從他的外型或是目前的工作狀態來看，你絕對想不到，史蒂夫已經七十歲了。

二十世紀七〇年代末，史蒂夫畢業於麻省理工學院，他在八〇年代中期從杜克大學獲得了醫學和生物學雙博士；之後在費城的兒童醫院當醫生，他是美國物理學會院士和美國外科醫生學院院士，後來來到現在所在的高校醫學院擔任神經外科教授，並成為該院系的創辦人之一，幫助這所高校發展學科。

史蒂夫是他們圈子裡公認的翹楚，不僅僅因為上面提到的那些漂亮的背景，更因為他出色的研究和貢獻。論研究，他的研究興趣集中在根據基本物理學來瞭解大腦的病理動力學，以及基於這種理解的技術如何治療諸如癲癇、阿茲海默症、帕金森氏症和慢性疼痛等疾病，在這些領域他都有漂亮出色的論文和成果；論貢獻，這麼一位名利雙全、完全可以憑藉自己名聲養尊處優的學術龍頭，卻常年在非洲落後國家，幫助那裡的孩子與疾病搏鬥。就在二〇一八年，他還獲得了「美國國立衛生研究院主任獎」，八百一十萬美金的科研經費會投入兒童腦部疾病的研究。

和史蒂夫做訪談實在太難了。他長期留守在非洲，即使回到美國，實驗室專案、博士生答辯、院系事務、業內研討會等這些「亂七八糟」的也讓他難以脫身。所以，他有一個老師和學生們眾所周知的習慣，只要你看到他常年緊閉的辦公室門打開了，不用預約，直接進去找他就好，無論是問問題，還是討論工作。

我和史蒂夫的訪談就是在這樣的情形下完成的，每次訪談持續的時間很難超過十分鐘，因為他會被別的人或事「搶走」。我問史蒂夫的第一個問題是：「你是如何保持四十多年來高強度的工作狀態的？」

利器一　維持長久的工作狀態，開始靠用腦，長久靠用心

「說我的工作需要用腦，大家應該沒有異議。每天，我做的與工作相關的任何一件事──除了行政事務的簽名──都需要高強度的思考。我喜歡這份用腦的工作，這是我能長久做下去的原因之一。但反觀我四十多年的工作生涯，我發現

能讓你做得長久的工作必定得是一份走心的工作。一開始，你可以靠你的才華、能力去工作，但最終你得靠熱情、成就以及一點忍耐這些『從心出發』的東西，才能持續長久地工作下去。」

「我理解你說的熱情和成就。但『一點忍耐』是什麼意思？」我問史蒂夫。

「這麼說吧，你喜歡寫作，是一位作家對嗎？」史蒂夫拿我舉例，「作家意味著在自己的作品發表前，你必須忍受自己的作品遭到成百上千次的拒絕，對嗎？」我點頭，他說的這點我有痛徹的領悟。史蒂夫接著說：「做科研也是一樣，有再好的資料、成果出現前，你得忍受數不清的失敗；而一位年薪豐厚的律師，他要忍受的是每週八十到一百小時的工作時間。無論你從事的工作一開始多麼亮麗光鮮，實際上它都附帶著一系列陰暗面，而你要麼選擇面對，要麼選擇放棄離開這個行業。」

「所以，我認為持久的工作狀態不是完全出自於喜愛、熱情和興趣，比問對方『你為什麼熱愛這份工作』或『你對這份工作裡的什麼感興趣』這類問題，更重要的是『你的興趣是否足以支撐你忍受其中最令人討厭的部分』。那些能把一份工作做得長久出色的人，都是不介意吞下這份工作陰暗面的人。這就是我所說的『一點忍耐』。」

「在取得了這麼多的成就後，你現在還需要忍受工作裡的陰暗面嗎？會比剛開始光明些了嗎？」我問史蒂夫。

「陰暗面一直都存在，雖然它會變化，但不會消失。我知道很多科研工作者和我一樣，只想一心一意投入實驗項目中，但這不可能發生，因為逃不掉教學、管理、各種行業會議。現在我可能會有更多自主選擇的權利，但依舊不能完全擺脫陰暗面，除非有一天我退休了。電影《蜘蛛人》（*Spider Man*）裡說：『能力越大、責任越大』，但那些責任裡肯定有他不想承擔卻不得不承擔的。」我聽說過，史蒂夫是漫威的鐵粉。

在知道了史蒂夫為什麼能保持長久的工作狀態後，很自然的，我想瞭解他這位身兼數職並且每一項都不是虛職的大忙人，是如何平衡工作與生活、如何管理時間的。他倒是很坦率地告訴我，自己沒有平衡好工作和生活。

「我九十%的時間和精力都投入在工作中，所以對妻子和兒女，我是有愧疚的。我錯過了很多原本應該和家人團聚的重大節日，沒有參加過一次孩子們的家長會，他們的生日派對也總是我的妻子在操辦，我甚至經常錯過孩子們的生日、結婚紀念日這些重要的日子。」

我在一次聚會上見過史蒂夫和他的妻子，他的妻子比他小二十歲，望向他的時候眼裡有光。我認識的一位學生也在那次聚會上，她說她曾經幫史蒂夫的妻子遛過狗，那時她還不知道這個女人的老公就是大名鼎鼎的史蒂夫。閒聊時，史蒂夫的妻子是這樣向那位學生形容自己的另一半：「我的老公是一位挺重要的大人物，他很忙，常年不在家，但我和孩子們都以他為榮。」

我想，這可能就是最般配的愛情和婚姻：一位「願打」、一位「願挨」，一個懂得感激、一個懂得欣賞。當然，除了有位賢內助外，我相信史蒂夫自身也有一套自我管理系統。當我們談到這個問題時，史蒂夫給出的方法粗暴又駭人——死亡倒計時時鐘。

利器二 設置自己的「死亡倒計時時鐘」

「你知道谷歌瀏覽器有一款應用叫死亡倒計時時鐘（Death Clock）嗎？它假定人的壽命有七十七歲，你設定好自己的出生年月，它就會開始倒計時你還剩下多少天了，能夠精確到秒。每次你打開流覽器，就能看到自己在這個世上還剩多少天時間。我把這個天數顯示在我的電腦上，每次上網時都能看到數位跳動。沒有什麼比知道自己的生命還剩多少日子更能讓人關注自己的生命了。

「當然，這個程式做得很簡單，也不科學。現代人的壽命越來越長，會活過七十七歲的人有很多，而且我自己目前的健康狀況良好，但到了我這個年齡，無論你多注重健康管理，所剩的時間都不會太多。所以，死亡倒計時時鐘能提醒我，沒時間給你浪費了，你得全力以赴去完成那些自己想要做的事。」

史蒂夫說出這些話，我挺佩服他的。人年紀越大，談起自己的年齡、能成就的事情，以及死亡這些話題都會有些避諱。我一直猶豫要不要問他有關年齡的話題，因為我知道很多有成就的人在年齡這件事上不太喜歡多談。也許在以往多次的訪談裡，史蒂夫懂得對方對他年齡的躊躇；也許他只是真的不介意談論年齡、死亡這些事情。無論理由是什麼，他能主動說起這類敏感的話題讓我如釋重負。我知道，在以後的聊天中，我們可以談一些更深刻的問題了。

「我認識的很多長者，包括我的父母，都不太願意談論自己的年齡，甚至提及『死亡』這類字眼。你好像一點都不必介意？」

「我研究了一輩子大腦、疾病，和無數病患打交道，看著或者陪著他們經歷死亡，早都看淡了。我在烏干達治療一位腦積水的嬰兒，他只有六個月大，我們團隊奮力搶救了七十二小時，最後還是沒能挽回他的生命。比起這位孩子，我不知道幸運多少。所以，沒什麼不好談的。我對『變老』這件事有一個更樂觀的看法，那就是把他看作是『未來的自己』。七十一歲的我就是七十歲時未來的我。未來是一個中性的或者帶著希望的詞。雖然我已是七十歲高齡，但依然會問自己這些問題：『八十歲的我會對現在的我說些什麼？提什麼建議？』當你用未來的眼光看待現在時，你不太容易讓自己陷入衰老這件事，然後就可以一直前行。」

「在中國文化裡，你這種態度就屬於『看開了』，見慣了生死，也能夠笑對生死。」

「也許吧。我一生都在和病痛、死亡打交道，在錯誤和挫敗中蹣跚前行。可以說，我見慣了生死，也接受挫敗，所以願意到死前都不斷精進自己。」史蒂夫做了精闢的總結。

關於史蒂夫，我還聽過一個故事，是他實驗室的一位博士後告訴我的。早在多年前，在他研究的領域內，史蒂夫的大名早已被圈內人所知。曾有電視臺、TED邀請他去做訪談和演講，但都被他拒絕了。這類平臺能夠讓一個人迅速出名，是那種紅遍全國，甚至全球的出名。多少人借助這樣的平臺出版了暢銷書，經營起自己的事業。但史蒂夫始終不為所動，婉拒了這些出名的機會。

我向他考證了這件事，他微笑著點頭承認。我問史蒂夫：「為什麼拒絕這樣的機會？它們也許會對你的事業更有幫助。」

他說：「你在前面不是問我，我的自我管理的方法嗎？我說了死亡倒計時時鐘，這是技術層面的。還有更重要的，那就是捨得對捷徑和誘惑說『不』，不要追求那些泛泛之名。」

利器三　捨得對誘惑說「不」，不追求泛泛之名

「我有一位已經過世的同行，也是年長我十幾歲的前輩，叫奧利佛，他是著名的醫生和神經學家。他的辦公桌上放著一張照片，不是家庭合照，而是一張白紙上用很粗的字體列印著一個大大的『NO！』奧利佛把它印成照片放在相框裡，擺在眼前，時刻提醒自己。他說，很多次接到各種事物的邀約時，他都會盯著那張照片想一下，然後很禮貌地回覆對方『抱歉』。奧利佛懂得孰輕孰重、懂得自己要什麼，不願被泛泛的名聲拖累。」

史蒂夫停頓了一下，接著說：「去電視臺接受訪談、去TED面對上千名觀眾做演講，當然是一條成名的捷徑。其實，應該這麼說，能獲得這些邀請的人，他們已經在各自的領域裡有名氣了。這時，有些人會希望在更大的平臺去展示自己，擁有更多的受眾。這樣選擇沒什麼錯，但不是必須選擇。我能夠在自己扎根的小圈子裡、在幾百上千人中有一些名氣並得到他們的認可和敬重，已經很滿足了。那種主流社會所帶給一個人的泛泛之名，往往給你自己帶來更多的責任，這

未必全是好處。我比較自私，不想成為公眾人物，也不想承擔公眾人物應有的責任，我只想在自己的一畝三分地裡做好本職工作。對我來說，有圈子裡這幾百上千人的支持，就足夠了。」

「可是，你能收到這些平臺的邀請，就說明他們認為你有值得分享給公眾的內容。而且成為公眾人物未必都是泛泛之名，也可以從正面影響很多人。比如，你可以讓更多人關注落後國家的兒童健康，這是積極的影響。」

「我承認妳說的正面影響可能會存在。但讓更多人關注某些弱勢群體不是我的職責所在，這是公益組織、慈善基金的工作，我的任務是幫助這些群體解決問題。我的確可以通過更大的平臺讓人們瞭解我的工作、現實的情況，但在電視上露臉兩分鐘帶來的首要好處是讓我身邊的人為我感到驕傲、我自己獲得更大名聲，而不是讓落後國家的孩子的腦部積水治癒。為了這幾分鐘，我可能要花費幾十個小時去準備，我認為不值得。我要盡量避免讓名聲變大但做的事情變少這樣的事發生。」

史蒂夫說這番話時很真誠，他絕對不是偽善，而確實是一位不願為名聲所累、想埋頭做實事的人。

「而且，做公眾人物久了其實會產生幻覺的，你知道嗎？」史蒂夫接著說，「那就是『你以為自己很重要』這種幻覺。二、三十歲的時候，我們會努力讓自己變得完美，因為我們會在意別人對自己的看法；四、五十歲之後，很多人便能拋開束縛，因為我們不再為其他人的看法耿耿於懷；但是，到了我這個年齡才會迎來真正的灑脫，因為你能看到一個真相，那就是現在沒有、以前沒有、從來都沒有人，真正在乎你的事情，除了你自己。所以，埋頭做好自己分內之事，就是你對家人和全人類最好的回報。」

聽史蒂夫說完這番話，有一個問題我強烈想知道他的答案：「那你為什麼會願意接受我的訪問？我也佔用了你不少時間。」

「首先，每次妳並沒有佔用我太多時間，十幾分鐘的時間我還是有的。而且面對妳，我不需要化妝、看鏡頭、修改我的演講稿，我們更像是輕鬆的聊天或者你問我答，這種方式很輕鬆。其次，我覺得妳做的事情是有意義的。對於不是我們這個領域的公眾來講，去瞭解我做的技術、實驗意義不大，而妳並沒有問我這些問題。妳問了很多和生活、職業相關的軟性問題，我覺得自己可以分享一些過往的經驗給讀者，這比和他們分享我的實驗技術更有意義。」

何其有幸，我能得到他的支持！

在最後一次「衝進」史蒂夫的辦公室時，我實在沒能遏制住自己的好奇心，問了他「小聯合國」的問題。

利器四　掌控競爭性合作，懂得如何與對手合作，才能贏得更穩

史蒂夫的實驗室是個「小聯合國」，一個組裡的五位成員，分別來自中東地區、烏干達、美國、中國、印度，我沒見過其他實驗室的成員種族如此豐富過。

我問史蒂夫，這是巧合，還是他在聘用時刻意為之。史蒂夫說有巧合的因素，比如他和非洲的某個國家展開合作，聘用那裡的人會更為便捷，「但我內心也是喜歡一些出人意料的組合。」

史蒂夫的「出人意料的組合」，是指在一個團隊中，盡可能和背景、國籍差

別大的人來合作。他說，把一些「不相容」的資源組合起來是困難的，但正是這種出其不意的組合，往往蘊含著巨大的價值。

「你是如何讓『不相容』的組合合作的？」我問史蒂夫。

「有困難，但沒有妳想的那麼難。妳知道高爾頓．威拉德．奧爾波特（Gordon Willard Allport）嗎？他是最早關注人格研究的心理學家之一，被稱為人格心理學之父。他曾做過一項研究，發現只要在滿足雙方地位平等、擁有共同目標、相互合作、尊重彼此的法律和文化習俗這四個前提條件下，讓來自不同文化背景的人相互相處一段時間後，就可以把天生互不信任的一群人拉在一起，透過簡單的社交接觸讓他們彼此喜歡。簡單得難以置信。」

史蒂夫接著補充：「這就像我們一開始接觸新事物時，總是會感到害怕，但我們的反應漸漸地就會變得積極起來。我以前不喜歡聽古典樂，但我老婆喜歡聽，後來在家時跟著她聽習慣了，竟然發現古典樂不僅不難聽了，甚至還挺好聽。新事物、新樂曲是如此，新人、敵人、不熟悉的人也是如此。我們在一個人的身邊待得越久，就越有可能會喜歡他。」

「那你把背景如此迥異的一群人放在一起，會比背景相似的人在一起產生更好的效果嗎？」我問史蒂夫。

「和不同種族的人相處、共融、合作是每個人的終身課程。從大環境上來說，我們習慣周圍的人和自己不同。而且多元化能夠促進創造力，可以讓不受約束的發現和突破性的創新成為可能；它促使人們尋找更新奇的資訊和視角，從而提高決策和解決問題的品質。無論是科學實驗、心理學，還是經濟學和社會學，都已證實僅僅接觸多元化的環境就能改變人的思維方式。」

史蒂夫說的「出人意料的組合」讓我想到了「競爭性合作」這個詞。

合作有很多種，比如常見的攻堅某項技術，團隊裡的人都往一個方向努力；還有些合作我們能夠想像，比如你要創業，那麼這個團隊需要不同的人承擔不同的工作，技術人員、財務、人力資源、銷售……不同的人各司其職，才能把一個公司經營下去。

但有一種合作，叫競爭性合作，是一種比較新的合作形式。美國最偉大的首席執行官之一、通用電氣前執行長傑克・韋爾奇（Jack Welch）對競爭對手的態度曾獲得公認好評，他說：「要嘛收買你的競爭對手，要嘛徹底打敗他。」

資源是有限的，競爭對手很可能會搶走我們需要的東西，如客戶、晉升機會、職位或預算，從這個角度考慮，韋爾奇的觀點沒錯。

但如果我們能拓寬思路去思考，就會發現，資源的利用方式是多樣化的，並非只有毀滅或得到這兩種；而且在爭奪資源的過程中，必定會產生無謂的消耗，妨礙彼此發現和創造更多的資源。所以，從資源利用最大化和雙贏的角度考慮，競爭性合作是可行的。

其實，與競爭對手展開合作而非敵對在商界早已實踐過，並取得了令人滿意的結果。比如，當年，通用汽車和戴姆勒（Daimler AG）兩個汽車巨頭分別覬覦著電氣混合動力型汽車這一快速增長的新市場，但是雙方又同時面臨著與豐田和本田的一場硬仗，因為豐田和本田都在早期進入該市場並處於領先地位。因此，雙方必須加快產品開發的速度，以便在最短的時間內，向市場推出具有競爭力的混合動力技術。最後，雙方找到的方法是：合作。

在商界，類似的例子並不少見，比如西門子和飛利浦共同開發半導體，佳能供應影印機給柯達。我們和競爭對手不願意親近是因為資源競爭，但競爭者之間其實擁有許多共同的經歷、旗鼓相當的技術，如果規則設置得當，可以產生「一加一大於二」的效果。

根據諮詢公司創始人、《哈佛商業評論》作者蓋瑞．哈默爾（Gary Hamel）的建議，競爭性合作的規則可以設置如下：

合作雙方的策略目標相同，但競爭目標不同。也就是說，每個夥伴都容許對方在共同的事業中不斷成功發展。飛利浦和杜邦合作開發和生產光碟，但他們互不侵犯對方的市場，雙方在上、下游各擅勝場。

雙方的規模和市場力量，都和產業中的領導者有段距離。這個情況可以讓雙方乖乖接受彼此可能會互相依賴很多年的事實。當長期合作對雙方很重要時，沒有人敢太明顯地爭取它所需要的技術或能力，免得和對方為敵。IBM（萬國商業機器公司）的規模是富士通的五倍，這表示富士通要脫離它那些外國夥伴走向獨立自主，恐怕還要很長一段時間。

作為普通人，我們或許不需要像許多CEO那樣，需要考慮與競爭對手公司角逐的問題，但每個人的人生裡都一定有「競爭對手」這號人物的存在，他或許是你的同僚，或許是你的「假想敵」——令你羨慕或嫉妒的朋友、讓你無法從內心和解的父母、希望有掌控權的伴侶、過早叛逆的孩子……他們都有可能在某段時間裡成為（或被我們想像成）我們的競爭對手。此時，運用競爭性合作的思維，我們的出發點就不是壓制或打倒對方，而是換種思路——合作。

比如，我有一位女性友人，事業心很強，但當母親這件事分走了她很多精力，又讓她心有不甘，結果就是職場和家庭兩頭都沒顧好。請假太多，升職沒她的份；孩子生病時加班和出差又讓她被老公吐槽，夫妻二人的關係一度水火不容。這些都令她很抑鬱。最後夫妻兩人商量，讓事業心不強的丈夫全職在家照顧小孩，她每月給老公發工資；而她自己則一心一意工作。這種合作發揮了兩人各自的長處，也節省了成本和內耗（請保姆的開銷、不斷的爭吵），皆大歡喜。

你可以考慮和暗自角逐的同事合作，把項目完成到一百二十％，這不僅能給客戶和老闆驚喜，還能讓同事知道缺你不可，想要留住你一起加薪升職，自己也不必勾心鬥角，天天在職場演宮鬥劇；和關係僵持的孩子好好溝通，褪去家長這層外衣，試著從平視化的角度看待孩子，一起設置某個共同目標，合作去完成，從「敵人」變成合作夥伴。當我們轉變角度去看待一段讓自己不舒服的關係時，它才有變好的可能。

關於與競爭對手的關係，林肯的態度或許比傑克·韋爾奇技高一籌，他說：「消滅敵人，最好的辦法就是把他們變成自己的朋友，那麼我們或許真的能一勞永逸。」

小結

利器一：維持長久的工作狀態，開始靠用腦，長久靠用心

接受工作中的陰暗面。

利器二：設置自己的「死亡倒計時時鐘」

運用相關App。

利器三：捨得對誘惑說「不」，不追求泛泛之名

把「拒絕」、「不」的標誌放在醒目的地方。

利器四：掌控競爭性合作，懂得如何與對手合作，才贏得更穩

嘗試與「不親近」、和自己迥異的人相處，找到那個出人意料的組合。

思考與練習

❶ 列出你工作中的陰暗面和好處，平心而論，你是否願意忍受這些陰暗面？如果不願意，有什麼改進辦法麼？認真考慮一下，在一份工作中，有哪些陰暗面（從薪資、福利、人際、能力、技術、行業趨勢等這些緯度全方面考慮）是你願意忍受的？

表2是我對自己工作的分析。

表2 工作中的陰暗面

自由作家的好處	自由作家的陰暗面	補救方法
時間自由、不用通勤和朝九晚五。	孤獨。	我可以忍受幾乎沒有團隊合作這件事，我信奉「寫作是孤獨的」這回事。
是我自己喜歡的工作、有成就感。	需要極強的自律。	假裝自己是上班族，每天按時出門、朝九晚五下班，堅決不在家辦公。

能用文字影響一些人。	收入不穩定，除非你筆耕不輟。	堅持做到上面一點，可以保證收入穩定。
文字是治癒我的重要方式之一。	持續輸出，太累。	看書或論文、找人討論、其他影像資料。

❷ 如果你經常在做重要事情時被打斷或者不會拒絕他人，請在醒目的地方貼滿「不」，最好能讓別人看到，讓他們產生好奇，順勢告訴對方此舉意義為何。

❸ 如果你有競爭對手，從「競爭性合作」這個角度考慮，有可能會可改善你們的關係。

CHAPTER

09

逆境管理：沒有成就能離開痛苦

相信你已經從前述幾位主角那裡看到了關於困難、挫折與失敗的故事。無論是從小身患疾病、在實驗室裡遭遇多次失敗，還是不得不忍受工作中那些「陰暗面」，這些遭遇無疑讓人痛苦，但他們沒有在遭遇痛苦後選擇長久趴在泥濘中，而是好好利用那些讓人不舒服的遭遇，讓痛苦得以展現出一定的價值。困難、挫折和失敗一定有價值嗎？當然不是。就像凱文說的，「不必為失敗唱讚歌。」但我也相信，失敗並非僅僅只是失敗。那些有意義的困難、挫折和失敗可以價值連城，而「意義」需要經歷者去尋找和賦予。

大衛．博伊斯（David Boies）被譽為華爾街的王牌律師，他曾獲美國律師協會頒發的最高榮譽「ＡＢＡ勳章」（ABA Medal），並在二〇一二年入選《時代》評出的「全球最具影響力人物」。為什麼大衛能獲得如此殊榮？讓我們先來看看他的戰績。當年，美國聯邦政府聯合了十九個州以及首都哥倫比亞特區，共同起訴微軟公司違反《謝爾曼反壟斷法》，佔據了絕對的市場壟斷地位。在現場取證時，幾乎把比爾．蓋茲盤問到「烤焦」的律師正是大衛．博伊斯，他讓微軟差點面臨被拆分的危局。

從二〇〇七年至二〇〇八年，在史上最大金額的反壟斷庭外和解中，博伊斯令美國運通收穫大捷，迫使兩大信用卡巨頭VISA與MASTER賠付逾四十億美元；從二〇一〇年至二〇一一年，在史上最大金額的專利商標侵權之訴中，古稀之年的博伊斯再創壯舉，為甲骨文贏得與恩愛普（SAP）高達十三億美元的訴訟大戰。

毫不誇張地說，大衛．博伊斯是一個令矽谷和華爾街眾多CEO都聞風喪膽的名字。但這樣一位威風凜凜、在職場生涯取得輝煌成就的頂級律師，他的求學之路恐怕令你意外。大衛．博伊斯不是出生於律師之家，也不是富貴人家的孩子，更不是像傳統好學生那樣一路從名校讀下來走進法學院。相反，他從小在伊利諾州鄉下的一個農場長大，有四個兄弟姊妹，父母都是普通的教師。和很多那個年代的美國小孩一樣，他人生的第一份工作，是在十歲時做送報童打工，賺取零花錢。

兒時的大衛．博伊斯正常到簡直平平無奇，甚至連「正常」都算不上，因為他有閱讀障礙，直到小學三年級才開始自主閱讀，在這之前一直是靠媽媽讀書給他聽。

可開始自主閱讀的他讀得很慢，過程也困難重重。直到今天，他每年也只能讀一本書。身為著名的律師，他的詞彙量仍然有限，通常都使用簡單的詞語和簡短的句子。兒時的他最喜歡看的就是有很多圖片的漫畫書和電視，可想而知，大衛．博伊斯的學習成績並不理想，高中畢業時，成績很差的他也並沒有什麼遠大的志向，早早在建築公司找到了一份工作，還做過一段時間的會計，本以為普通又平庸的生活就這樣「囚禁」自己一生了，但自從他的第一個孩子出生之後，大衛．博伊斯開始真正考慮自己的將來。當時，他的妻子從社區大學帶回了一些關於法律的宣傳冊，他記得自己小時候對法律特別著迷，於是決定去讀法學院。不客氣地說，這真是一個「任性妄為」的決定。因為讀法學院，意味著要閱讀大量的案例以及學術分析資料，這對患有閱讀障礙的大衛．博伊斯來說，簡直是太瘋狂了。

那他是怎麼完成學業並成為世界頂尖律師的呢？他透過自己的劣勢找到了適合自己的學習方法。首先，他坐在法學院的教室裡，當其他人賣力做筆記的時候，他把聽到的東西都記了下來；其次，面對大量檔案，他想到的辦法是找到一些重大案件的總結，這些總結提煉出了美國最高法院對案件的觀點，內容不過一、兩頁，透過這個方法，他讓自己跟上學習進度。此外，他雖然不是一個好的閱讀者和說話者（因為詞彙量很有限），但卻成了一個很好的聽眾。他的記憶力非常好，儘管這也是「形勢所迫」，他在很小的時候就不得不保持高度專注、鍛鍊自己的記憶力，這樣才能記住媽媽念給他聽的內容。大衛．博伊斯曾在採訪中表示：「聽是我這輩子最重要的事。我要學會聽，因為這是對我有效的唯一學習方式。」

就這樣，大衛．博伊斯先從一所小型的私立學校修了幾門法學課，通過刻苦努力又去了西北大學法學院，然後又轉學去了全美最頂尖的耶魯法學院。畢業後的他沒有像常規律師那樣，選擇去公司、律所當律師，因為那意味著每天要大量閱讀，並且還要精準理解。他選擇成為一名訴訟律師，這讓他能夠按照自己的方式工作。比如，他把要說的東西都記下來。出庭期間，當他遇到一個念不出來的單詞時就會結巴，他便停下來，像個孩子一樣拼出那個詞；他在盤問證人時，超強的記憶力幫助他表現得異常完美，證詞的每個細節他都能清楚記得，而且他不會錯過證人發言的任何細微變化，然後從這些細微變化入手探尋下去，直到擊中要害；因為他的詞彙表達有限，這使得他和以往那些擅用「詞藻」、「長句」表達的「正統」律師不同，大衛・博伊斯能夠直取案件本質，並以通俗的方式展現出來，讓現場的人迅速明白。閱讀障礙對任何一個想要在這個世界正常生活下去的人來說，都是痛苦的。失去了以文字的形式去解讀社會的機會、有限的語言交流，這些都是現實存在的難題。

但這種難題可以是「一輩子的缺陷」，也可以是「一次改變的機會」。大衛・博伊斯無疑選擇了後者，從自己的缺陷出發，讓短板變成優勢。這當中與他刻苦努力的付出有關，也和他看待缺陷和失敗所帶來的痛苦的方式有關。

拿問題當藉口的人，他們的思維通常是這樣的：「我有某個問題／我經歷了某種遭遇，所以，我……」拿問題當機會的人，他們的想法截然不同：「雖然我有某種問題／我經歷了某種遭遇，但是，我……」所以，逆境管理的第一個原則就是：扭轉想法，向陽而生。在我看來，扭轉想法是一個淺顯的道理：不改變，你只能一直活在痛苦中；改變了，你才有希望擺脫痛苦。

扭轉想法後，隨之而來的就是行動上的付出。對於逆境管理，最好的行動方法就是**正念訓練**，這也是它的第二個原則。正念訓練也被稱為正念療法，是由麻塞諸塞大學醫學院教授喬・卡巴金（Jon Kabat-Zinn）博士提出的一種認知行為療法。

正念訓練強調正視當下和覺察，是一種專注於當下、全然開放的自我覺察，不需要帶有自我批判的心態，而是以好奇心和接納，迎接內心和腦海的每個念頭。其實我們每個人都需要正念訓練，未必非得等到身患疾病、遭遇重創後才開始使用。回想一下，你有多久無法專注一件事？你有多少次想認真思考自己的人生，卻總被「打斷」？你有多少次被自己的胡思亂想干擾得心煩意亂？你是不是經常「想太多」？你有多少次因曲解、誤會了別人而錯過一段原本美好的人際關係？如果你經常遭遇這些狀況，那麼你就需要正念訓練。

正念訓練有兩個步驟：第一是「隔絕」念頭、專注當下；第二是詢問念頭、確認動機。

這兩步是一體相聯，在訓練時常常放在一起做。三年前，我剛生完小孩不到三個月，曾因為心理壓力去看心理醫生。小孩剛出生時，我恰好簽了一本書的合約，生完孩子不到一個月我就開始了每天外出寫稿、過著職業媽媽的生活。那段時間，因為照顧小孩、寫稿壓力，以及父母幫我和老公帶孩子而組成的新的家庭模式，讓我心力交瘁。我寫稿的時候擔心家裡的寶寶，照顧寶寶時又想著自己拖欠的約稿和十幾萬字的書稿，無法專注於任何一件事；而且伴隨著失眠、頭痛，我和老公經常發生爭吵，甚至有時候會坐在車裡突然就嚎啕大哭起來，還大量掉髮。

我去看了醫生，所幸不是產後憂鬱。但醫生說，很明顯我壓力過大，這是十分危險的。當時，我的醫生透過兩個練習對我進行治療。第一，切斷大腦產生念頭的開關，只看眼前的東西。在心理諮詢室裡，我的醫生讓我這麼做：先閉上眼睛，深呼吸五下，一邊呼吸、一邊數數，只想著自己的呼吸；然後睜開眼睛，仔細觀察諮詢室五分鐘後，告訴她我都看見了哪些東西。雖然我覺得這個問題很傻、很無聊，但還是遵照醫囑開始觀察這個我來過幾次的房間。我看到了那些顯而易見的東西：桌椅的形狀、桌子上的文具用品、掛在牆上的畫、淺駝色的窗簾；還有之前未曾發現的一些事物，比如，細如髮絲的裂縫、椅腳和桌腳的形狀、醫生電腦筆記本上缺失的一小塊顏色……五分鐘後，我把自己觀察到的東西講給醫生聽。

她說，希望我以後每天能做至少一次這樣的練習，或者當自己感覺焦躁不安時，立即停下手頭的事情，挑一個安靜的地方，開始這項練習。摒除大腦裡的一切，只看當下自己週遭有什麼。

當你看到眼前的某件東西時，不需要做任何聯想、發揮和判斷，只要在心裡或嘴裡讀出這件東西的名字，簡單描述它就好。

醫生說，她希望我能全心「接受」眼前的這個現實。這裡的「接受」並不是說要順從悲傷、絕望、欲望或者是疲憊的生活，而是一種釋放和認可，當下此刻，無論它被標上了什麼樣的標籤（好的或壞的，高興的或不高興的），我都只聚焦於它。

摒除內心的念頭，是幫我們理清思緒、恢復平靜的第一步，第二步就是拾起念頭，問問它從哪裡來？為什麼有這樣的想法？帶給了我們什麼行為後果？我們的念頭可以被看成是我們內心的耳語，它過於輕柔安靜，經常會被我們忽略。但一旦你開始特別注意這些念頭時，你就會發現，幾乎在你做每一件事之前，從最細微的日常活動到你最狂暴的情緒爆發，其實都有意圖在先。

醫生讓我完成的第二個練習，就是場景想像，確認情緒。她知道那段時間我經常和老公吵架，於是讓我想像一個場景。在家裡、街上或者開車時，我和老公在為某件事交談，雙方各執一詞，表達自己的看法，但沒有帶著攻擊情緒。突然，他說了一句話：「好，妳說得對。」

對此，我要怎麼理解？並讓我說出第一想法。我告訴醫生，我的第一想法是老公在敷衍我，想盡快結束這次談話。醫生說：「妳說得也許對，但有沒有可能，是他真的認可妳的說法？或者想結束這次交談，讓疲憊的妳休息一下？或者他看出了你們即將發生的緊張氣氛，想要以此來避免一場爭吵？又或者，他想和妳討論一下他的問題，所以想要結束這次談話？」

這個練習的目的，是為了讓我們能更密切地注意到一個事件或事物會如何影響自己的心理，而你的心理又會如何解讀這些事、會產生什麼樣的情緒，這種情緒又會引發怎樣的態度和行為。如果你在一個場景或者一種語境下，不確定某件事、某個行為、某句話，首先要做的不是用消極的情緒去應對它們，而是去尋找確認，確認對方到底怎麼想的，為什麼會有那樣的行為？這樣的行為對你產生了什麼影響？「當我們身處逆境時，我們要先專注於當下，承認並接受它們的存在，然後透過詢問自己的念頭——盡量讓那些正面的、積極的彈出來，用它們來指引自己的行為模式，以此扭轉局面，化解痛苦帶來的傷害。」

小結

拿問題當藉口的人，他們的思維通常是這樣的：「我有某個問題／我經歷了某種遭遇，所以，我……」拿問題當機會的人，他們的想法截然不同：「雖然我有某種問題／我經歷了某種遭遇，但是，我……」逆境管理兩個原則：第一，扭轉想法，向陽而生；第二，正念訓練。正念訓練的兩個步驟：第一，「隔絕」念頭、專注當下；第二，詢問念頭，確認動機。

思考與練習

下面給大家介紹幾個能讓自己快速平靜、聚焦的方法，下次心煩意亂時，就可以派上用場。

❶ 吃一些含蛋白質的東西，比如乳製品、雞蛋、杏仁、豆奶等。蛋白質可以讓大腦的前額葉更有效地運轉，幫助我們更加專注。

❷ 當你心煩意亂、胡思亂想時，要注意自己的每一次呼吸，默數每一次吸氣和呼氣，從一數到二十五——也就是呼吸二十五次。最好每天都堅持練習至少五分鐘，之後每天再嘗試增加一些次數。這個方法能隨時隨地展開，只要你想平靜、專注下來。

❸ 當面臨突然而來的恐懼、焦慮、無助等各種心理或生理上的痛苦時，你可以透過呼吸讓自己平靜下來，然後想一想那些你佩服的人、你的偶像，他們是如何渡過自己的難關的？在渡過難關之前，他們也會經歷自己的恐懼、無助和焦慮。大家都是普通人，對自己寬容些。

CHAPTER

10

時效管理：做時間和效率的智者

在前面幾位主角那裡，我們學到不少有關時間管理的內容。但我把他們分成兩類：一類是時間管理，比如法爾札內會心安理得說「不」、老劉的時間統計大法、史蒂夫給自己設置的「死亡倒計時時鐘」，這些更偏方法和技術，是時間管理「術」。

另一類時間管理更偏「道」，我把它們稱之為效果管理。比如，布倫特不「盲目」追求忙碌，在忙碌到失控時懂得喊停，思考自己在哪裡出了問題、對自己最重要的事情究竟是什麼；史蒂夫不受誘惑、不接受泛泛之名，潛心追求自己的目標。

時間管理的「道」不是技術方法，而是觀念、原則、終極目標。這離不開那些讓我們頭疼卻又重要的問題：你想成為什麼樣的人？過什麼樣的生活？我認為，每個珍惜時間、熱愛生命的人，要做的不是時間管理，而是時效管理。

單純追求時間管理，很有可能讓我們陷入兩個困境：第一，為了快而快，追求速度；第二，為了做更多而快，追求數量。當你完成待辦清單上的十件事，那種充實感和成就感會比你只完成五件事要多。但是你要知道，那種充實感和成就感可能是虛假的，那不是真正的時間管理，只是我們浪費生命的另一種形式。**除非你所完成的都是你願意做的，並且忠誠地服務於你制訂的目標**。但我們很多人，根本沒有「人生目標」。

忠誠於自己並能夠實現的人生目標，是我們過好這一生的祕訣，是我們體現「這輩子值得」的最大效果。當然，能夠做好第一層的時間管理，完成自己的生活和工作任務，已經很了不起了。但我們不該止步於此，在做好時間管理的基礎上，還要去做效果管理，檢驗我們所走的每一步是不是在為自己的目標服務。「**時間管理＋效果管理＝時效管理**」，這才是我們應該追求的生命管理。所以，我們還是分步驟來討論如何實現時效管理吧。

第一步，先從時間管理入手。市面上關於時間管理的書籍和課程數不勝數，我曾經撰文做過總結，市面上提供了那麼多工具和方法，其實可以總結成四種方法。所有的時間管理方法幾乎都是從這四種延伸而出。這裡先做個簡單的回顧。

GTD時間管理法這個概念源於大衛·艾倫（David Allen）的《搞定》（*Getting Things Done*）這本經典書。

根據書中概括，GTD（Getting Things Done）的主要原則是：「把所有事情都從你的腦袋裡弄出來。在事情出現而不是在事情爆發的時候，就做好相關行動的一系列決定。以合適的類別組織好專案的各種提醒，以及下一步的行動。保持你的系統更新和完整，充分地檢查，使你在任何時候都能信任你對你正在做（或者不做）的事情的直覺選擇。」

和其他時間管理專家不同的是，艾倫並不把重點放在設置任務的優先順序。他提出制定出在各種環境下的任務列表，例如，制定一個需要打電話的清單，或者在市區才能完成的事情的列表。而不需要建立任務清單的事情，比如兩分鐘內能夠完成的，他建議應該馬上做。具體來說，GTD這套方法執行起來有五個步驟。

步驟一：收集。把任何你需要追蹤、記住，或者要做的事情全部記錄到「收集箱」中：比如電子郵件、筆記等。把你腦中所有東西都清理出來，放入你的收集設備中，準備進行下一步的處理。每天抽幾十分鐘收集一下腦中的資訊，記錄到你的收集設備中。

步驟二：處理。將你收集到的任何資訊進行處理。每個星期至少處理清空一次你的「收集箱」。處理你的「收集箱」要遵循五五項工作流程：

一、從第一條資訊開始處理；

二、每次只處理一條資訊；

三、不把任何資訊放回收集箱；

四、如果有任何一項需要做，馬上執行（如果花的時間少於兩分鐘）；

五、委託別人完成或者將它延期（兩分鐘內無法完成的），否則將它存檔以便查詢，或者為它定義合適的目標與情境，以便下一步執行。

步驟三：組織。GTD描述了一個建議的清單集合，你可以用來追蹤需要關注的事件，具體來說「清單集合」可分為四類：

一、下一步行動：對於每個需要你關注的事項，明確你可以實際採取的下一步行動。

二、項目：每個需要多於一個實際的行動才能達到目的的事就是一個「項目」；使用追蹤以及週期性的回顧來確保每個項目都有一個下一步的行動，進行下去。

三、等待：當你已經指派了一個事項給其他人，或者在專案進行下去之前需要等待外部事件時，就應當在你的系統當中，追蹤以及定期檢查是否可以採取行動或者需要發出提醒。

四、將來／可能：這些事情你需要在某個點去做，但不是馬上，如「學習某個語言」或者「準備一個假期計畫」。

五、GTD中另外一個關鍵組織模組是歸檔系統，一個簡單易用的歸檔系統。通過歸檔系統，你可以迅速歸檔和提取你所想要的資訊，我的建議是建立一個按照字母順序組織的歸檔系統。

步驟四：執行。前面三步都是為了在你做事情的時候，讓它變得簡單、容易、有趣，這樣可以緩解你的拖延，或者不被太多的瑣事所分心。

步驟五：回顧。如果你沒有及時整理和回顧每天的資訊和行動，那麼整個GTD系統就毫無用處。通過回顧、制訂計畫或者瞭解項目進度，從而使自己總是走在時間前面，而不是被動地被安排。回顧至少以星期為週期。

要事優先時間管理法

要事優先時間管理法也被稱為第四代時間管理法，是由經典書籍《與成功有約》（*The 7 Habits of Highly Effective People*）的作者史蒂芬．柯維（Stephen R. Covey）和另外兩位作者提出的。第四代時間管理是以周為單位的，具體分為六步。

步驟一：思考自己的構想和使命。

可參考的清單：

一、列出三～四項你認為是你生活中的重要事務；

二、考慮你可能認可的長期目標；

三、想想自己生活中最重要的人際關係；

四、思量你想做出的貢獻。

步驟二：確認自己的角色、個人發展。

比如，丈夫／父親、職業等。

**步驟三：為每個角色選擇第二象限目標，即《與成功有約》中提到的「不緊

急但是重要」的事，每個角色圍繞身體層面、精神層面、智力層面、和社會層面來確定目標。

可參考的清單：

一、我能做哪些最重要的事情，以產生最大的積極效果？

二、如果我在下一週達到了這些目標，那會怎樣？

三、我能做哪些最重要的事情，以產生最大的積極效果？如果我只完成了其中一部分，又會怎樣？

四、那會在我的生活中產生正面效果嗎？

五、如果我每週都這樣，又會怎樣？

六、那樣，我會比現在更有效嗎？

步驟四：每週圍繞第二象限目標安排其他活動，把它們設為當日要務。

步驟五：每天開始前，貫徹誠信原則。

步驟六：每週進行評估。

可參考的清單：

一、我實現了哪些目標？
二、什麼因素讓我得以實現目標？
三、我遇到了什麼挑戰？
四、我是怎樣戰勝這些挑戰的？
五、我從本週學到了什麼經驗？

番茄工作法

番茄工作法是二十世紀八〇年代由義大利人法蘭西斯科・西里洛（Francesco Cirillo）發明的。該方法使用一個計時器，分割出一個大約二十五分鐘的工作時間和五分鐘的休息時間，而那些時間段被稱為pomodori，這是義大利語pomodoro（番茄）之複數。

番茄工作法有四個基本步驟。

步驟一：決定待完成的任務。

步驟二：設定番茄工作法計時器至N分鐘（通常為二十五分鐘）。

步驟三：持續工作直至計時器提示，記下一個×。

步驟四：短暫休息三~五分鐘。注意，每四個×後休息十五~三十分鐘。番茄工作法的關鍵是規劃、追蹤、記錄、處理以及視覺化。這一時間管理方法的本質目的是減少內在和外在的干擾。

一個單位的番茄工作時不可再細分，當在番茄工作時中被打斷的情況下，只可能有兩種情況：干擾的活動被推遲，或者當前的番茄工作時廢棄，必須重新開始。

莫法特休息法

《聖經．新約》的翻譯者詹姆斯．莫法特（Steven Moffat）的書房裡有三張桌子：第一張擺著他正在翻譯的《聖經．新約》譯稿，第二張擺的是他的一篇論文的原稿，第三張擺的是他正在寫的一篇偵探小說。莫法特的休息方法就是從一張書桌搬到另一張書桌，繼續工作。

莫法特的休息法雖名為「休息」，實則借鑒了農業上常用的「間作套種」種田的方法，這是一種不停更換工作內容以達到耗時、耗力最小的時間管理方法。人們在實踐中發現，連續幾季都種相同的作物，土壤的肥力就會下降很多，因為同一種作物吸收的是同一類養分，長此以往，土地就會枯竭。

人的腦力和體力也是這樣，如果長時間持續同一項工作內容，就會產生疲勞，使活動能力下降。如果這時改變工作內容，就會產生新的優勢「興奮灶」，而原來的「興奮灶」則得到抑制，這樣人的腦力和體力就可以得到有效的調劑和放鬆。比如讀書時，看到一半被一個問題卡住，不如換一個章節或換本書再看；寫材料時，寫一篇材料時覺得累了，不如換另一篇材料繼續寫，過一段時間再回過頭來寫一開始的材料；工作時，本職工作做累了，不如切換到私人工作上，比如寫網誌、複習單字或看一些感興趣的書。

上述這四種時間管理方法各有利弊，比如使用GTD在剛開始時有點繁瑣；「要事第一」又很難讓人靜下心來去思考什麼是真正「不緊急但重要的事」；現實中不是所有事情都能剛好用二十五分鐘去劃分的（比如開一個漫長的會議、做報告等）；莫法特休息法看上去似乎是要把我們的腦細胞「榨乾」才肯甘休。

沒有一種方法是完美的，但你可以選擇出可以讓自己相對得心應手的那一個，然後堅持執行下去，就已經比不管理時間的大多數人賺到了。不過，關於時間管理，如果你只想著管理好時間就輸了。因為管理的本質不是為了讓自己更忙、做更多事，或者用忙碌麻痺自己真空的人生目標。

真正的時間管理應該能夠上升到效果管理，讓我們去反思如何更有意義地度過生命和人生。關於這一點，卡內基梅隆大學的教授蘭迪．波許（Randy Pausch）做出了非常好的解讀。蘭迪．波許教授是美國卡內基梅隆大學的電腦科學、人機交互及設計教授，從一九九七年起，他就在卡內基梅隆大學擔任電腦科學系講師。他也是虛擬科技的先鋒，並且還撰寫了世界百科全書的「虛擬科技」條目。後來，他和同事創建了卡內基梅隆大學娛樂技術中心（Entertainment Technology Center），並擔任中心主任一職。二〇〇六年，他被診斷患有胰腺癌。儘管進行了手術和化療，他還是被告知，至多可以再活三～六個月（後來他比醫生所預測的多活了五個月）。到二〇〇八年七月，他在維吉尼亞州的家中因胰腺癌併發症而逝世，終年四十七歲。

如果僅從上述文字介紹裡，我們可能並不明白蘭迪・波許教授為什麼值得書寫。他最多算是一位在所在領域有所建樹的學者，命運不好，英年早逝。這樣的學者世界上有太多。讓蘭迪・波許教授享譽全美，甚至影響世界無數人的是，他在去世一年前做的一場講座——「最後一課（Last Lecture）」。

美國很多高校在資深教授退休前都會為他們安排講授一堂面向全校學生的「最後一課」，表達學校師生對其的崇敬和感激，讓教授為自己的教學生涯劃上一個完美的句號。卡內基梅隆大學也有這個傳統，並將其主題命名為「旅程（Journey）」，希望演講者能和聽眾一起分享自己的個人或學術旅程。蘭迪・波許教授雖然還沒有準備退休，但是鑒於他的病情，他也受邀參加了二〇〇七年的講座。這場面向卡內基梅隆內部師生的講座被上傳到視頻網站上，一個月內點擊超過一百萬次。

直到今天，該影片累計播放已超過兩千萬。每隔幾年或者遭遇不順、需要給自己打打氣時，我就會找出這場一個多小時的講座，耐心地看完，其治癒效果很好。

這是一場很棒的講座，不僅因為它風趣、幽默（是的，將死之人的蘭迪．波許並沒有把它做成一場悲情、傷感的講座）；不僅因為它有很多發人深省的金句，比如：「你必須替整個環境增加價值，才會更受歡迎。」、「經驗是你無法獲得想要之物時才會學到的。」、「阻礙你的障礙必有其原因，這道牆並不是為了阻止我們，這道牆讓我們有機會展現自己多想實現這個目標，這道牆是為了阻止那些不夠渴望、不夠熱愛的人。」、「如果你在生某人的氣，你只不過是沒給夠他們足夠的時間而已。」、「這才是教育給你的最好禮物，讓你學會反省。」……最主要的是，蘭迪．波許教授用自己短暫卻富有成效的一生來告訴大家，什麼才是最好的時效管理。

蘭迪．波許教授的這場講座裡有很大一部分是在講他的童年有什麼夢想，分別是怎麼實現的，其中有兩個故事讓我記憶猶新。他的第一個兒時理想是想體驗零重力，最終他實現了這個夢想，但過程頗為艱辛。首先，他得知美國太空總署有一種用來訓練太空人的飛機，每次飛行可以體驗二十五秒零重力。太空總署有一個專案讓大學生可以透過提出研究建議進行比賽，如果他們贏了，他們就能上去試飛，體驗二十五秒的零重力。

波許教授趕緊組建了一個團隊並贏得競賽，獲准試飛，但碰到了麻煩，太空總署明文規定，老師不能參加試飛。不過為了推廣專案，運行可以帶一名媒體記者。於是，蘭迪．波許教授給太空總署傳真了兩個聲明，一個是辭去學生團隊的顧問（也就是不是團隊的老師），二是自己擁有網路媒體記者證（網路媒體記者證在美國容易獲得）。

雖然太空總署的接待員覺得波許教授在鑽漏洞，但是當蘭迪．波許說他們是虛擬實境項目，到時候會將虛擬實境頭盔和零重力體驗相結合，更有宣傳力，太空總署還是默許了讓他參加。

蘭迪．波許的第二個兒時理想是參加全美橄欖球聯盟。但最終他沒達成目標，不過在追逐的路上收穫很多。他在九歲參加球隊，第一次訓練時，教練沒有帶球過來，而是先讓隊員們學基本功。教練說，比賽時，球場上有二十二個球員，只有一個能拿到球，那我們要先學習另外二十一個人做的事。這件事讓蘭迪．波許教授明白基礎的重要性。

「基本功，基本功，基本功。你必須把基礎打好，要不然就玩不了那些花哨的東西。」

他在訓練中遇到的另一件事，是一個教練盯著他、糾正他的動作，訓練得非常辛苦。後來助教向蘭迪．波許教授解釋：當你搞砸了，但沒有人對你說任何東西，這意味著他們放棄了。這是讓他終生銘記的一堂課。就是當你看到自己把事情搞糟而沒人想費心告訴你，這處境就很不妙。批評你的人是告訴你，他們仍然愛你和關心你。

有意義的一生，不是自己所有的理想都能實現。能夠得償所願當然完美，但當你認真計畫、制訂了目標，在實現的過程中歷盡艱辛，最後「戰敗」，卻意外發現命運對你有額外饋贈的禮物，它們同樣價值連城。簡單來說，富有成效的時效管理就是：首先，你要有目標、有理想；其次，你要努力去實現，不斷失敗、不斷嘗試，這個過程必然充滿艱難和痛苦，但這些艱難和痛苦能驗證你是否真的想要去實現這個目標；最後，總有一些事情是我們拚盡全力也無法實現的，那是殘忍的「夢醒時分」，但這並不代表我們失敗，就像蘭迪．波許教授投身橄欖球訓練，但終究未能成為專業橄欖球運動員一樣。在追逐的過程中有很多「隱藏的真相」，它們也會讓自己受益無窮。

你要認清這一點。我為什麼要進行時間管理？我為什麼要做這件事？我為什麼能達到這個目標？我要怎麼樣才能達到這個目標？我最想做的事情是什麼？想清楚這些問題，才是時效管理起作用的關鍵，這也是蘭迪．波許的「最後一課」帶給我們的價值。

小結

時效管理＝時間管理＋效果管理

時效管理的兩個階段：

第一階段：時間管理——技術、方法、術。四種常見的時間管理方法：

GTD、要事優先法、番茄工作法、莫法特休息法。
第二階段：效果管理——觀念、原則、道。
◎建立目標和理想；
◎排除萬難逐夢——實現；
◎夢醒時分——逐夢失敗，但發現「隱藏的真相」。

思考與練習

❶ 選一種適合自己的時間管理方法，堅持做下去，看看有什麼變化？

❷ 現在開始認真思考那些令我們一直頭疼的大問題吧！你最想做的是什麼？想成為什麼樣的人？過什麼樣的生活？如何實現？越具體越好。

CHAPTER

11

思維管理：讓思維學會變軌，到達你想去的目的地

你觀察過鐵路場站嗎？一條條軌道在這裡匯聚、交叉又分開，一列列火車在這裡實現變軌，去到它們應該到達的目的地。我們的思維應該和鐵路場站一樣，不是只有前進、後退、左轉、右行這些「直來直往」的方式。思維也應該學會變軌，讓我們能去到自己想去的地方。

在之前提及的幾位主角當中，我們都能看到他們的思維變軌。

當這個社會的多數人都追求眼前的利益時，克萊兒懂得從長計議，去實現自己的理想；當這個社會人人都想鑽進更好的環境裡，寧可做「牛後」時，科恩願意做小池塘裡的大青蛙，去獲得更多的支持；在商家鼓吹消費主義至上的年代，科恩願意自己動手修補一切能修補的東西，進而把這種動手能力轉變成修補思維，讓自己的生命力更強大；還有，在強調更高統一性和專業性的社會中，史蒂夫願意嘗試把不同背景的人融合在一個隊伍裡，讓意想不到的組合產生意想不到的效果。他們做事的方法或許不同，但無疑都沒有用順從大眾的、傳統的方式，而是讓自己的思維變軌，最終實現自己的目標。

在實現目標這件事上，我們每個人都想抓到一副好牌，然後把牌打好。但事實是，能否抓到一手好牌不是我們能決定的，但能否把它打好是我們可以決定的。當你沒能抓到一手好牌——就像克萊兒從小患病、史蒂夫為落後國家服務，註定資源不充分——卻想把它打好，怎麼辦？從之前幾位主角身上，我總結出一套解決方法：

一、**換個角度看自己的牌——第三思維；**

二、**嘗試在有限的資源（牌不好）下打好自己手中的牌——充分利用資源。**

「第三思維」這個提法源自美國著名管理學大師史蒂芬·柯維生前最後一本著作《第三選擇》。什麼是「第三選擇」？從原始社會開始，我們的祖先就習慣了用原始腦的快速反應來解決各方的挑戰：不是「戰」就是「逃」。

這一習慣延續到今日仍是我們大部分人面對問題的基本解決方式：不是「我的」就是「你的」、不是「好人」就是「壞人」。

我們的人生中充斥著大量的選擇難題，比如你想看電視（玩遊戲）就不能學習；你想在事業上取得進展，就要放棄一部分家庭責任；你想討好他人，就要違背一些原則……我們大多數人一直在用這種思維定式處理著自己在生活和工作上的方方面面。史蒂芬．柯維提出的「第三選擇」是相對於兩難選擇來說，正是在這種非此即彼的定式上另闢蹊徑，找到「既是你的，也是我的」的方法，從而化解矛盾、釋放壓力。

如何達成「第三選擇」？史蒂芬．柯維提出了一個關鍵字：協同。沒錯，就是我們非常熟悉的協同。在書中他認為完成一次好的協同需要四步。

第一步：我看到自己。這裡的「看到」不是指你知道自己的職業、年齡、生活狀態等「表層」，而是「你能夠明白自己的意識是如何支配行動的」、「你做出的行動會導致什麼結果」這些更深層次的東西。比如，讓你在工作上那麼拚的真正原因是什麼？你為什麼很難與他人建立親密關係？一旦你能「真正」地看到自己，那麼你身上的壓力，別人對你的期望，以及做事的真正動機就會一目了然。

第二步：我看到你。第二步就是按照審視自己的模式將他人看清，不僅要看到對方的年齡、性別、職業，還要將對方作為一個特殊的個體所具備的特性、能力與天賦盡全力地瞭解清楚。而「彼此尊敬」是達成協同的首要前提。

第三步：我找到你。這一步要求我們勇於找到衝突點，而不是採取原始社會慣有的回避或自衛。

第四步：你我共同協同。具體如何操作呢？簡單來說，是通過以下四個階段來實現。

一、詢問——一定有比我們現在的觀點更好的想法，它是什麼？

二、界定成功的標準——把雙方各自的標準（要求）都列出來。

三、創造第三選擇——盡量找到更多的答案選項，然後選擇所有人都認可的那一個。

四、達成協同——當所有人對原有的爭執與設想都不再感興趣時，我們就知道我們已經找到了第三選擇了。其實史蒂芬．柯維的「第三選擇」、協同不是什麼新鮮概念，他的本意是在尋找共贏。

但「第三選擇」其實是一種思維方式——第三思維。

在我幾位主角身上，我看到了這種強烈的、不走尋常路的「第三思維」。他們不是在用非此即彼的零和博弈思維去考慮問題，而是當問題發生時，他們會換個角度看自己手中的牌：既然我無法改變這手不怎麼樣的牌，也不能重新洗牌再來一次，那我還能怎麼辦？

在換個角度看清自己的一手爛牌後，這些人無疑選擇了「充分利用現有資源」這種方式去扭轉局面。現在假設正在讀這本書的你是一個專案的負責人，你所帶領的團隊需要在三天後完成專案、向客戶彙報。但現在你發現，因為各種原因，團隊很難在三天內完成項目。

作為負責人，你會怎麼辦？增加人手？找專業性更強的人來「以一當十」？向客戶請求寬限幾天時間？無論選擇哪種方法，共通點都是「要得更多」：更多的人、更強的人、更多的時間。我們總想要更多的資源，因為在我們的觀念裡總有一種「多多益善」的想法在作祟。

學校要增加教學成果，就要聘請更多的老師、購買更先進的電子教學設備；想要一項產品賣得好，就要大幅度增加行銷投入；想要讓戀人更愛你，就要給對方買更昂貴的禮物；想要讓孩子成績好，就要增加學習時間、做更多的試卷、上更多的補習班……人類喜歡存儲、囤積、追求多多益善，似乎是與生俱來的。芝加哥大學商學院教授克里斯多夫．希爾和他的同事曾做過一項研究，其目的就是為了弄清楚人是否會寧願犧牲幸福，也要獲取超出自己所需的資源。他們讓被試者聽音樂，在此過程中，被試者可以獲得一小塊巧克力作為獎勵，前提是他們得按一下按鈕。按按鈕的時候，他們聽不到舒緩的音樂，而是會聽到鋸子伐木的雜訊。

研究者隨機選擇部分被試者，將其設定為「高收入者」和「低收入者」，實驗規定，高收入者按二十次按鈕就可以獲得一條巧克力，低收入者需要按一百二十次才能獲得一條巧克力。同時，他們被告知，如果不能當場吃掉巧克力，是不能帶走的。兩組被試者獲得的巧克力有顯著差別：高收入者平均每人獲得十點七條巧克力，低收入者每人僅獲得二點五條巧克力；高收入者平均每人吃了四點三條，低收入者平均每人吃了一點七條。

兩組被試者都獲得了最終超出他們享用量的巧克力，且高收入者多獲取的巧克力明顯更多。這一結果表明，高收入者關注的是盡可能積累更多的巧克力，而不去考慮自己是否願意吃下所有的巧克力，或者是否能吃完這些巧克力。我們不停地追求更多的資源，但我們從來都沒有停下來認真問自己一句：越多真的越好麼？在經濟學裡，有一個著名的曲線叫「倒U曲線」（圖1）。

這是美國著名經濟學家西門・史密斯・庫茲涅茨（Simon Smith Kuznets）在一九五五年所提出來的收入分配狀況隨經濟發展過程而變化的曲線，是發展經濟學中重要的概念，又稱作「庫茲涅茨曲線」。

倒U曲線表明：在經濟發展過程開始的時候，尤其是在國民人均收入從最低水準上升到中等水準時，收入分配狀況先趨於惡化，繼而隨著經濟發展，逐步改善，最後達到比較公平的收入分配狀況，呈顛倒過來的U形。

Y軸表示是基尼係數或分配狀況，X軸

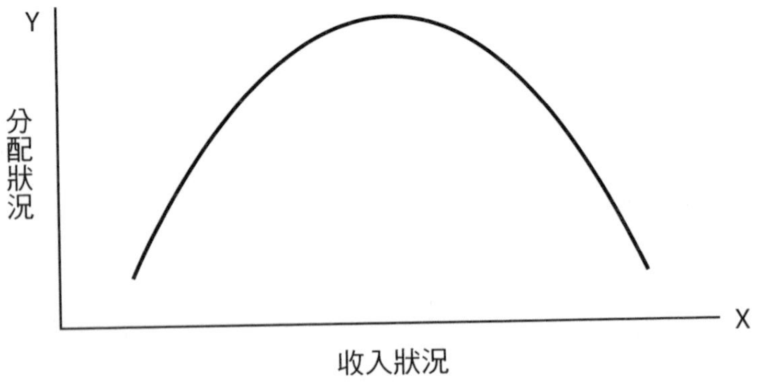

圖1　倒U曲線

是時間或收入狀況。倒U曲線在很多領域都適用，它包括三個部分，每個部分都有特定的邏輯：左半部分表明做得更多或者擁有更多的財富會讓事情變得更好；平坦的中間部分則表示做得多並不能改變什麼；右半部分表示做得更多或者擁有更多的財富會讓事情變得更糟。當我們把「財富」換成「資源」、「時間」等概念時也是一樣的。

你讓孩子在學習上花更多時間、報各更多補習班未必能提高成績；增加廣告行銷未必就能讓產品暢銷。所以，我們要做的不是尋找更多資源，而是要充分利用已有的資源。美國萊斯大學管理學教授史考特・索南辛（Scott Sonenshein），在自己的著作《延展：釋放有限資源的無限潛能》裡提到這種心理：「不停尋找更多資源給我們一種安心感。似乎我們擁有得越多，就能做越多的事，就能有更好的感覺。雖然這種想法很誘人，但事實是，它往往無法帶給我們最好的結果，因為它誘使我們去追逐我們根本不需要的資源，而忽視了自己手中已有資源的潛力。」

克雷爾斯、科恩、史蒂夫他們不是瘋狂尋找資源的這類人，相反，他們特別擅長如何用好自己手裡的資源。關於充分利用資源，科恩有一個很有趣的故事。有一年，科恩去芝加哥參加學術會議。在會議上，他有自己的學術成果海報要展示，場地和展示架都是提前和主辦方預定好的，展示者到達現場後，直接掛好海報就可以開始了。不湊巧的是，科恩拿到的那個展示架品質不佳，第一天展示到一半時，其中一個固定的螺絲找不到了，導致右邊的架子幾乎散掉。現場有上千份海報在展示，而自己的展示攤位又需要當事人在場，因為不斷會有同行、教授、公司的人過來詢問。但你又不可能讓架子散著，掛不住海報。科恩沒有中止展示，也沒有去抱怨主辦方，而是從書包裡找出自己裝早餐的硬紙盒，拿出捲海報的幾根橡皮筋，又向櫃檯借了釘書機，把紙盒撕一撕、捲一捲，最後用橡皮筋和釘書機訂好紙盒，把海報架固定住，成功完成了第一天的展示。解決問題所用時間不超過十分鐘。

擅長充分利用資源的人，一方面明白「多多未必益善」和「少即是多」的道理，從而能夠克制自己不斷追求資源的衝動；另一方面，像科恩一樣，他們看待資源、工具的視角更寬。在他們眼裡，釘子未必只能用來固定東西，磚除了用來建築，還可以當武器。簡而言之，他們功能固著的症狀不嚴重。

「功能固著」是一種心理學現象，確切說是一種心理阻塞。它會抑制對物體可能具備的新功能的知覺，對問題解決產生不利的影響。正是這種心理，使我們無法看到資源的更多用處。結果就是，我們會想辦法獲取盡可能多的資源，以應對挑戰或者抓住機遇，而正是這種做法分散了我們的注意力，使我們無法集中精力把事情做好。

我曾問過科恩，如何能像他一樣把每件東西都「變廢為寶」。科恩半開玩笑半認真地告訴我：「找一個科研經費不充足的導師，你就能被鍛鍊出來了。」

科恩在兩個專案組裡做博士，其中一個專案組的導師比較窮，有幾年沒有申請到科研經費了，對一個研究工程學的人來說，這意味著你必須把一分錢當成兩分錢來使用，必須把一項工具發展出好幾項功能來。比如，在富裕的實驗組，裝電腦的紙箱子可以被收走，在科恩那個組，紙箱子可以改造成儲物箱、小零件分隔箱；在富裕的實驗組，一大捆電線可以被堆砌在角落積灰，在科恩那個組，一根半米長的電線也可以被用來當繩子，捆住實驗台和地上四散的線路。

經費緊張，讓他們懂得，如何有意義地節儉，而這種節儉歪打正著讓科恩他們的實驗室異常整齊，並且連續兩年被評為「綠色實驗組」；除此之外，還練就了科恩的「火眼金睛」，任何垃圾廢品在他眼裡都能有妙用。雖然科恩的「變廢為寶」的智慧不全然來自於此，但也的確受其影響。

充分利用資源的人都有一種節儉心理：**有意義的節儉就等於充分利用資源**。正如史考特・索南辛教授說的，他在最為節儉的那群人中發現了三條共同規律：第一，節儉的人更注重長期目標，而非短期享樂；第二，節儉的人會重複利用自己擁有的東西，而不是買更多東西；第三，節儉的人不太受傳統慣例的制約，這讓他們不太容易陷入社會比較的陷阱，他們不會為自己沒有的東西而煩惱，而是會利用自己現有的東西另闢蹊徑。

毋庸置疑，擁有資源是十分重要的，但「擁有」不代表寧多勿少。一臺高效的電腦運行演算法時，當然比人工紙筆計算更高效、精準。但如果你只需要一部電腦，有必要買第二部嗎？有必要需要最好品牌的嗎？我們太容易高估資源的重要性，低估充分利用已有資源的能力，從而忽視了那些真正重要的東西。比如，在讀書這件事上，我們總認為跟從名師、業界大佬、院士才是最好的選擇，寄希望於他們能將終其一生所學之長傾囊相授，或者在未來的人生道路上能夠有所助推；殊不知，他們未必有時間教導你，也未必有意願要幫你（畢竟找他們幫忙的人太多了）。比如，在結婚這件事上，我們總認為一定要找有車有房的人才能嫁，認為房子、車子才是保障愛情和婚姻的城池，卻不曾想，有了房子和車子，但沒有感情的婚姻，才是風雨飄搖。

再比如，在求職這件事上，我們總認為要去那些硬體最好的公司上班，他們不僅有誘人的員工福利，還有酷炫的辦公環境、自由的工作氛圍。可是，我們沒有想過，如果一家企業很「摳門」，但它能夠教會員工用很少的資源做出更多的成果，而且也留出了充足的資金用於投資企業項目、發展並壯大公司，從而能夠更好地犒賞員工，這不是更棒嗎？這比辦公環境裡的跑步機、咖啡吧檯更有意義吧！

是時候把目光從仰望中收回，低頭認真看看我們手中已有的東西，用好它們才是自己最寶貴的財富和能力。用好手中的資源，我們需要問自己兩個問題：這個資源還可以再細分嗎？細分的部分分別有什麼用途？當我們把資源分解成小得不能再小的部分，才能找到許多隱藏用途。

我非常認同史考特・索南辛教授對待資源的正確態度：資源並不來自我們的身體之外，它並不是我們可以一伸手就能拿到的東西，而是需要我們自己創造並形塑的東西。

小結

◎換個角度看自己的牌——第三思維。

不是用非此即彼的零和博弈思維去考慮問題，而是當問題發生時，能夠換個角度看自己手中的牌：既然我無法改變這手不怎麼樣的牌，也不能重新洗牌再來一次，那我還能怎麼辦？

◎嘗試在有限的資源下打好自己手中的牌——充分利用資源。

用好手中的資源，我們需要問自己兩個問題：這個資源還可以再細分嗎？細分的部分分別有什麼用途？

思考與練習

以下是兩個最常見的創造力練習，它們是為了幫你破除功能固著心理，讓你在轉變看法、充分利用手中資源這件事上邁開第一步。挑戰看看吧。

練習一：物品的非傳統用途

一九六七年由喬伊．保羅．吉爾福特發明的「不同用途測試」：給你兩分鐘時間，想出盡可能多的類似椅子、咖啡杯或者磚頭等常見物品的不同用法。比如「迴紋針」的用途有：把紙夾在一起；當袖扣；當耳環；可以折成迷你長號模型；用來捅路由器重置鍵的東西；夾住耳塞線使之不會纏起來；當書簽……這個測試可以從幾個方面考察你思維的廣度：

◎流暢度：你能想出多少種用法。

◎原創性：你能想出多麼異乎尋常的用法（比如「重啟路由器」就比「把紙夾在一起」更不尋常）。

◎靈活性：你的答案涉及多少領域（袖扣和耳環都是飾品，他們屬於同一領域）。

◎詳細程度：你的回答有多少細節（「避免耳機線糾纏起來」比「書簽」有更多細節描述）。

試試看，你能想出一把勺子有多少種用途嗎？兩分鐘時間，開始！

練習二：蠟燭問題

蠟燭問題是一個經典測試，在一九四五年由心理學家卡爾．登克（Karl Denke）發明。實驗物件會領到一根蠟燭、一盒圖釘、一盒火柴，要解決的問題是：把點著的蠟燭固定到牆上，並且蠟不會滴到下面的桌子上。你要怎麼做？這項測試挑戰你的思維定式和認知偏見，它們讓你無法以非正常的方式使用熟悉的物品。這個測試最近被用來證明，生活在國外可以讓你更有創造力。

CHAPTER

12

習慣管理：找到核心習慣，讓其成為自己的天性

菲爾喜歡整理和列清單，整理能讓他心情愉悅、理清思路、做事高效，列清單讓他不會丟三落四和遺忘，並能分清事情的輕重緩急。老劉喜歡凡事都有個備選，這讓他內心感到安全，遇到意料之外的情況也能從容應對。凱文需要有一個屬於自己的思考「儀式」，這讓他大腦數十年來維持高效運作，即便高齡也能持續輸出生產力、創造價值。

在他們身上，我們能看到一套「專屬」的行為模式——習慣，這些一個或幾個行為模式對他們人生的方方面面產生積極影響。

西方有一句諺語是「一盎司（約三十克）的好習慣抵得上一磅（約四百五十克）智慧」。這一章，我們來聊聊習慣管理。

習慣是什麼？根據《美國心理學期刊》的定義：「以心理學的觀點來看，習慣是在某種程度上固定的思考方式、意志或者感覺方式，是由以往重複的心智體驗而獲得的。」習慣往往是在未經意識的情況下出現的，能讓人的大腦依賴它們，同時將邏輯、情感等其他一切因素排除在外。所以說，習慣的力量非常強大。

但對我們的大腦來說，習慣只是在一定時期內重複進行某項行動而已，它無法辨識習慣的好壞。所以，無論好習慣或壞習慣，大腦都會讓身體記住這項行動。如果大腦能自動識別並屏棄壞習慣，只保留好習慣，那「習慣」就成為一個完美的程式，可以讓我們人類強大無比。

正因為習慣的力量異常強大，而大腦尚處於「初級」階段，沒有分辨和屏棄壞習慣的能力，所以，想要培養好習慣，我們先得努力分辨、剔除壞習慣。這是培養好習慣的第一步。

自檢不良習慣

什麼叫壞習慣（不良習慣）？不良習慣是負面的行為模式，通常會對我們的身心健康、職業和生活產生危害。有些不良習慣顯而易見，比如抽菸；但有一些難以直下判斷，需要掌控好一個「程度」，比如，飲酒這件事，小酌怡情，但超過一定的程度，就會傷身，甚至上癮酗酒，成為壞習慣。總體來說，如果你的習慣符合以下「標準」的一條或幾條，就可以定義為壞習慣。

◎它們是重複的負面行為模式。

◎社會對它們持模糊、不確定的態度。

◎它們會破壞好的習俗、法律或道德準則。

◎它們會令旁人反感。

◎它們會對自己的健康、生活等各方面產生負面影響。

◎它們會影響自己和他人取得進步、變得更好。

史蒂芬．史考特是習慣管理類書籍的暢銷作者，也是一位幫助他人培養習慣的顧問和教練。他曾在自己創建的網站 Develop Good Habits 上總結了常見的兩百八十三項壞習慣。受他啟發和思考，我借鑒、總結了生活、工作、社交和個人等九類共一百二十三個不良習慣，歡迎大家「對號入座」自我檢驗。

第一類：冒犯他人的十一個不良習慣

1. 遲到五分鐘以上。

2. 挖鼻孔。
3. 對情感的過度公開展示。
4. 在公共場合清理牙齒，比如剔牙等。
5. 喜歡賣弄口才，不好好說話。
6. 與人在一起時，經常查看手機、平板電腦。
7. 吃東西喜歡講話。
8. 與人聚會經常不買單。
9. 在公共場所亂吐口香糖。
10. 看電影時交談。
11. 在公共場所觸摸身體的私密部分。

第二類：浪費時間的十一個不良習慣

1. 社交軟體成癮。
2. 在高峰期辦緊急事務。

3. 長時間無目的性上網。
4. 常在網上發起爭論，攻擊別人。
5. 長時間看實境秀、電視劇。
6. 無目的性的逛街消磨時間，而不是出於任何特定需要。
7. 長時間玩電玩。
8. 純粹只是為了完成而去完成某件事，沒有任何意義和目的。
9. 長時間看娛樂性短視頻。
10. 為某件尚未發生的事擔心，而做不了任何正事。
11. 試圖改變別人的意見。

第三類：影響健康的十九個不良習慣

1. 睡眠不足。
2. 晚上八點以後吃東西。
3. 就診時不告訴醫生真相。

4. 暴飲暴食。
5. 不做防曬。
6. 吃太多肉類食品。
7. 坐立、行走、睡覺等姿勢不良。
8. 過度吸菸。
9. 花太多時間在電子螢幕上。
10. 不能及時、正確處理自己的壓力。
11. 不預防保健、不按時體檢。
12. 每日沒有喝足夠的水。
13. 不拿自己的健康當回事。
14. 分心駕駛。
15. 環境或皮膚乾燥時不保濕。
16. 總是沉醉於過去發生的事。
17. 長時間戴耳機。

18. 不穿合腳舒服的鞋子。
19. 長時間穿高跟鞋。

第四類：與飲食和營養有關的十五個不良習慣

1. 飯量過多。
2. 一日三餐不好好吃。
3. 攝鹽過多。
4. 喝過多蘇打水。
5. 喝所謂的減肥／無糖蘇打水。
6. 吃得過快。
7. 攝糖過多。
8. 喝過多咖啡。
9. 不吃早餐。
10. 吃過多巧克力。

12. 經常飲用功能飲料。
13. 吃太多速食、外賣。
14. 吃太多零食。
15. 吃太多精加工食品。

第五類：導致低效的十九個不良習慣

1. 拖延。
2. 多工處理。
3. 不消除干擾。
4. 不考慮大局。
5. 做一個完美主義者。
6. 沒有形成好的工作習慣。
7. 凡事總憑一己之力，不懂得請人「幫忙」。
8. 給自己過多資訊。

9. 工作清單排太滿。
10. 不懂得拒絕。
11. 做「白日夢」。
12. 不自動執行週期性事務，比如繳納水電、瓦斯費、信用卡費。
13. 優柔寡斷。
14. 給自己找藉口，等「正確」的時間開工。
15. 花太多時間訂計畫卻遲遲不執行。
16. 沉溺於工作，不懂得休息。
17. 習慣性檢查工作郵件、工作群。
18. 拒絕學習新技能。
19. 下班後立刻開始看電視。

第六類：影響財務狀況的十二個不良習慣

1. 衝動或跟風購物。

2. 不考慮自己的債務情況。
3. 總是只還最低信用額度。
4. 購買彩票。
5. 不遵守預算。
6. 每天購買咖啡和小吃，經常在外吃飯。
7. 不使用優惠券。
8. 辦健身房、美容美髮等各種昂貴的會員卡，卻很少使用。
9. 不在促銷日購買節日物品和禮物。
10. 賭博。
11. 不為養老金儲蓄。
12. 為娛樂、享受項目支付過多。

第七類：增加生活成本的九個不良習慣

1. 沒想好拿什麼就打開冰箱。

2. 沒有使用節能燈。
3. 離開房間時不關燈。
4. 經常泡澡而不是淋浴。
5. 即使手機充滿電，也要保持手機電源接通。
6. 夏天的空調溫度設置過低、冬天的空調溫度設置過高。
7. 沒有積滿足量的髒衣服，就用洗衣機洗衣服。
8. 離開家時不關閉空調、電視等設備。
9. 打開電視入睡。

第八類：對社交互動產生負面影響的十二個不良習慣

1. 總是自言自語。
2. 咬指甲。
3. 無意識地抖腳、用手指敲擊桌面。
4. 喜歡把手掰得「嘎嘎」作響。

5. 舔或咬嘴唇。
6. 習慣性為自己辯護。
8. 總是撥弄頭髮。
9. 不經大腦地亂說話。
10. 手裡總是擺弄鑰匙等小物品。
11. 公共場所大聲打嗝。
12. 隨地吐痰。

第九類：常見的十五個個人不良習慣

1. 深夜使用噪音大的設備，比如音響、吸塵器。
2. 熬夜、晚睡。
3. 在網路上花費太多時間。
4. 亂放鑰匙和錢包。
5. 經常觀看色情片。

6. 亂扔垃圾。
7. 總是出爾反爾。
8. 不歸還借用的物品。
9. 利用別人的慷慨佔便宜。
10. 刻板印象。
11. 超速駕駛。
12. 擔心但不採取行動。
13. 使用完公廁不清潔。
14. 滿嘴食物卻說話。
15. 不清潔電腦、手機螢幕。

培養習慣

想要戒掉這些壞習慣，培養一些好習慣，甚至把好習慣培養成自己的固定行為和思考模式，要怎麼做呢？這就涉及培養好習慣的下一步：給習慣按難易屬性分類，並估算需要多久能夠培養成功。

市面上關於養成一個習慣所需的時間有各種說法，根據拉莉．菲利帕發表的論文《習慣是如何形成的：模擬現實世界中的習慣形成》（*How are habits formed: Modelling habit formation in the real world*）一文得出的結論，養成一個習慣平均需要六十六天，改變習慣所需的時間，通常在十八到兩百五十四天之間不等。

日本習慣培養顧問公司董事長谷川武士在《堅持，一種可以養成的習慣》這本書裡，將習慣分成三種，比如寫日記的習慣、減肥的習慣、正向思考的習慣。作者認為這三種習慣種類不同，是不太可能在相同的時間長度裡培養出來的。

每一種習慣對大腦和身體所產生的抵抗強度，因為行為程度的變化、身體程度的變化、思考程度的變化而大有不同。若是行為變化程度很小，抵抗會較小。不過，如果身體覺得變化程度很大的話，伴隨而來的就是較大的抵抗。培養新習慣也一樣，會因為變化程度的不同，習慣化所需的時間也各有差異。

所以，首先就是識別你想要養成的習慣屬於哪個類別？難度如何？根據古川武士的書籍，把習慣分成以下三種。

第一種：行為習慣

行為習慣即每天規律的行為，例如，讀書、寫日記、整理、儲蓄、記錄家庭收支等。這些行為習慣根據工作或生活環境不同，比較具有彈性，所以對人類而言，培養行為習慣的難度不大，用時大約需要一個月。

第二種：身體習慣

身體習慣是與身體節奏相關的習慣，例如，減肥、運動、早起、戒菸、肌力訓練等。相較於行為習慣，培養身體習慣帶來的變化對人的影響較大，用時大約需要三個月。

第三種：思考習慣

這是與思考能力相關的習慣，例如，邏輯思考能力、創意能力、正面思考以及舒緩壓力等習慣。思考習慣與當事人的性格有關，所以對於變化所產生的抵抗也最強烈，用時大約需要六個月。

這個分類還是比較合理的。我在序言中提到自己開始運動的故事就可以佐證。當我辦好健身卡，從「三天打魚兩天曬網」式去健身房，到養成習慣每天到點必去健身房，一共花了近三個月的時間。

如果你有某項一直想要養成的好習慣，請先對照上面三個程度的分類，然後做好時長心理建設。

不過，我並不建議大家拚命養成所有好習慣，這樣的人生未免太像苦行僧，過於辛苦和無趣。我們要找到屬於自己的核心習慣，下功夫好好培養。

什麼叫核心習慣？我的理解就是「牽一髮而動全身」的那類習慣，改變它能影響自身整個系統的運轉，使之朝良性方向發展。

「核心習慣」的概念最初是《紐約時報》商業調查記者、曾獲得過美國國家科學院新聞報告獎、國家記者獎等諸多獎項的查爾斯．杜希格（Charles Duhigg）在其著作《習慣的力量》（*The Power of Habit*）一書中提出的。查理斯．杜希格認為，核心習慣是「人們在日常生活中引入的微小變化或習慣，無意間延續到生活的其他方面」。

無論是組織企業、還是個人，都有屬於自己的核心習慣，一旦將其改變，就會自發地引起連鎖反應，進而重塑生活和學習方式。也就是說，想要變得更好，其實我們往往只需要「一小步」，改變對自己影響最大的那個壞習慣，或者說，培養對自己最重要的那個好習慣。

我又得拿自己現身說法了。雖然我不認識現在正在讀這本書的你，但我堅信我們有一個共同的習慣——睡覺前喜歡躺在床上滑手機。結果，你知道的，不知不覺幾十分鐘，甚至幾小時就過去了。

我曾經就是這樣的夜貓子，晚上明明可以睡覺，卻習慣性抱著手機躺在床上。然後過了半夜十二點，才驚覺要抓緊睡了，明早還得通勤一個多小時去上班。可是，剛刷完手機哪能說睡就睡著，翻來覆去，總要折騰半小時以上才能入睡。在第二天早上六點半的鬧鈴響了之後不起床，然後是十分鐘、五分鐘、三分鐘、一分鐘，N個鬧鈴響過後，實在拖不下去了，才匆忙起床洗漱。

運氣好的時候，可以趕上地鐵，提前十分鐘到公司；運氣不好時——比如早上如廁時間久、衣服搭配的不合適，或者地鐵誤點，後果就是，我來不及吃早餐，下了地鐵需要以百米衝刺的速度，跑到公司踩點打卡。

等我氣喘吁吁地跑到公司，根本不可能瞬間開工，開機、泡咖啡、順手收拾一下辦公桌，十分鐘過去了；喝了幾口咖啡後好不容易開始進入工作狀態，不到半小時，沒來得及吃早餐的肚子不爭氣地餓了，一個上午幾乎沒有工作效率可談；如果再遇上開會、甲方打來不滿意的電話，或者上司新派發的任務，整個人都是被抽乾的感覺，心情差到極點。

早上耽誤的工作只能下午補，下午沒來得及完成的工作只能晚上加班補，一來二去就到晚上九點以後了；拖著疲憊的身軀回家，打開門，看到玄關因為早上急匆匆出門而被踢翻的鞋架、沙發上換下後沒來得及收好的衣服、床上被揉成一團的被子；此時雪上加霜，發現臨出門走得太急忘了關空調，人生陷入絕望一點都不誇張。

以上場景幾乎每個月都會發生，少則一兩次，多則三、五次。直到有一天，我開始反思，為什麼自己會把生活過成一團糟，是能力不行嗎？還是運氣不行？想想都不是。那些讓我崩潰、陷入絕望的都是小事，但引爆這些小事的導火索是晚睡引起的。於是我「順藤摸瓜」，分析了自己為什麼會晚睡。除了「捨不得夜晚的自由」這種心理，最大的影響因素就是睡前躺在床上看手機。

所以，我開始改造這項不良習慣。我給自己立了個規矩：手機不能帶進臥室。不僅是工作日的晚上，就算在節假日的白天午睡，或者睡醒了賴在床上玩手機都不行。臥室是手機的禁區！

實不相瞞，養成能夠把手機丟在臥室外、安心入眠的這個習慣，我一共花了四個月，期間各種掙扎、反悔，推倒又重來。為了能多看兩眼手機，我寧可半夜起夜上廁所蹲在廁所也不肯回去臥室；甚至還曾自欺欺人跑到客廳睡覺，以為這樣就不算睡在臥室了，就可以滑手機了。

就這樣，在一次又一次的洗心革面後，我終於可以做到不帶手機進臥室，只要躺在床上一會兒就入睡了。接下來，一系列神奇的事情發生了。因為不在睡前滑手機了，我的睡眠時間和品質都大幅提升，幾乎在晚上十一點前都能睡著；然後在早上六點自然醒，身體完全不累，起床後有將近五十分鐘的時間，足夠我把家裡和自己收拾好，還可以讓我在家吃一頓健康早餐，然後好整以暇走去搭乘更早的一班地鐵，比往常能早十五分鐘到達公司。等九點正式開工時，我已經做完前期泡咖啡的例行事務，可以進入工作狀態了。

老話說得好，好的開始是成功的一半。因為每天早上都開了一個好頭，我一整天的工作效率也奇高無比，加班次數也變少。

效率高又會反哺我的心情，讓我每天下班都帶著雀躍感、成就感而非疲憊不堪的心情回家。從此，夜晚的生活變得非常可愛，睡覺也睡得心甘情願，再也不會為「夜晚的自由」刻意熬夜了。

「不把手機帶進臥室」這就是我的核心習慣之一。因為這個習慣，我提升了整體生活品質和工作效率，而這兩者也改變了我的心情，讓我願意用更熱情、善意、有趣的眼光去看待世界。

找到核心習慣

找到屬於自己的核心習慣當然很好，然而它並不容易被發現。畢竟，百因必有果，造成一個結局的因素有很多，我們不可能面面俱到分析，然後一一改正。

在看了諸多關於習慣管理方面的書籍和論文後，我總結出八條最普遍的核心習慣，供大家參考。我們可以對照下述八個核心習慣來反推，是否做到了這個核心習慣，自己的生活就會朝向好的方向前行。

在此之前，有兩點需要說明：

第一，核心習慣肯定不僅僅只有下述八條，如果你看完後發現不符合你的情況，可以繼續自檢、分析，直到找出屬於自己的核心習慣。核心習慣最主要的原則就是「小而普通」，在尋找的時候請忘記那些過於複雜、抽象和難辦到的習慣（比如，做好時間管理、用積極心態去面對一切）。

第二，你可以選擇培養幾條核心習慣，但一開始建議你一條一條來，先培養起一個能守住的核心習慣，再開始下一條。

以下是常見的八個核心習慣。

核心習慣一：穿得更好、更得體。這裡的「好」不是鼓勵你去買名牌、昂貴的衣物，而是穿得更符合自己的身份、年齡、工作環境，因為這會增強你的信心。想想過去不注意衣著的你（或者你所在的公司不介意著裝），突然穿得很精神，大家也會以嶄新、更專業的眼光來看你。

核心習慣二：整理床鋪。據社會經濟學家蘭德爾·貝爾博士說的，他花了近三十年的時間研究有成就的人，發現這些成功人士的共同習慣之一是每天早上都會整理床鋪。鋪床這種簡單的事情可以讓你進入「完成任務」狀態，提高工作效率。

核心習慣三：烹飪。如果你開始養成自己做飯的習慣，那麼你可以控制的不僅是進入身體內的食物，還可以訓練時間管理能力（做飯和吃飯都需要掌控時間），這會對你的健康產生各種各樣的積極影響。

核心習慣四：早上運動。我知道這對晚睡星人、早起困難戶來說特別困難，但早上抽空鍛鍊二十～三十分鐘，的確能改善自己的情緒、心情、體力。鍛鍊之後，你會因為完成了一件重要的事而自我感覺良好，如此，接下來一天要面臨的問題都不是什麼大事。

核心習慣五：練習感恩。很多時候，看到自己沒有的東西要比看見自己擁有的東西容易得多。人們忙於思考自己沒有的東西，以至於忘記看看自己已經擁有的一切。早上起來，寫下幾條令你感激的事情，可以是一個人、一件事、一本書、一朵花……讓自己的心情從擁有的積極和善意開始。

核心習慣六：睡好覺。我們都希望白天有更多的清醒時間來完成任務，但我們都知道這不會發生。可是，如果你能確保自己每晚擁有七～八小時的優質睡眠，那麼你的身心將準備好——更多精力和更清醒的頭腦——在第二天去解決那些任務和難題。

睡個好覺可以說是最重要、最需要的核心習慣之一。它可以帶來一系列肉眼可見的改善，比如健康飲食、做出更合理的決定、保持健康的體重以及減輕壓力等。

核心習慣七：寫下自己吃了什麼。

研究發現，保留食物日記可以幫助你減輕體重，是沒有食物日記時減少的體重的兩倍。這是因為保持飲食記錄的人能夠查找自己的飲食習慣，以及觸發自己不健康的因素。

有了這些資訊，你可以計畫自己每一天的飲食，因為你知道什麼時候餓了，可以帶些健康的零食吃。食品日記創建了一種結構感，使其他良好習慣也得以蓬勃發展。

核心習慣八：堅持常規。

這意味著每天晚上都在同一時間睡覺，或者每天早晨做完全相同的事情來為你的一天做好準備。無論哪種方式，保持一致性都會產生大量積極影響。

找到了自己需要的核心習慣後，接下來，我們要做得便是如何堅持這種核心習慣。

古川武士在他的著作裡提到，培養一個好習慣通常分為三個階段。

階段一：反抗期——馬上就想放棄；階段二：不穩定期——被預訂事項或他人影響；階段三：倦怠期——逐漸感到厭煩。

他詢問了自己曾經服務過的一百五十名客戶（　明他們改變習慣）大約在哪個時期敗下陣來，得出的統計是：

階段一：反抗期（第一～七天），四十二％的人失敗；階段二：不穩定期（第八～二十一天），四十％的人失敗；階段三：倦怠期（第二十二～三十天），十八%的人失敗。

可見，堅持一項習慣不是一件容易的事。為什麼我們很難堅持呢？從情感上來說，一是因為某件事還沒有到非做不可的時候，或者我們並沒有真切覺得它很重要；但從腦神經科學的角度來說，這是因為我們大腦與生俱來喜歡對抗變化、維持現狀的傾向。這就好比人類的正常體溫三十六點五度左右，我們身體平常一直維持在正常體溫的狀態，不管嚴寒還是酷夏，都不容易受到環境變化的影響。就算感冒而發燒時，身體也會利用出汗的方式，拚命地冷卻自身以調節體溫。

大腦和身體一樣，也有這種「維穩」機制。通過「維穩」，我們的祖先才能找到與週遭環境的平衡點，繼而生存下來。所以，喜歡保持穩定是有好處的，因為變化意味著某種「威脅」。培養新習慣就是在打破這種「維穩」機制，大腦和身體都會將其視作威脅而拚命抵抗，所以容易放棄是正常現象。

遵守以下三項原則，往往能讓我們在培養習慣時更容易成功。

原則一：一次只培養一項習慣，不要同時培養多項習慣。

養成一項新習慣必然要耗費大量意志力。關於意志力，科學已經證實，它是一項消耗品，你用得越多它消耗得也就越多。假設某個人一天有十克意志力。他在控制飲食、強迫運動上共花費六克意志力，三克用來應對難纏的甲方，一克用來處理日常工作。

回家後，他就沒有意志力去繼續學習提升自己，因為他消耗了自己全部的意志力。這也就不難理解同時培養多個習慣，結果必然失敗了。

原則二：制定的行動規則越簡單越好。

假設一個人想培養自己愛讀書的習慣，最簡單有效的規則是，在家裡不同地方都擺上書；規定自己每天至少看十分鐘的書。隨著習慣的逐漸養成，「遊戲難度」可以再逐漸增加。如果一開始就設置一堆規則，比如每天看十分鐘書、家裡到處都擺上書、通勤路上也只能看書、閱讀時要在書的邊角記錄、看完書還要寫兩百字的讀書筆記……估計不到三天就想放棄了。行動的規則太多、太複雜必然會導致我們容易放棄。

原則三：以結果為導向，但不要太在意結果。

培養一項好習慣，我們當然希望能有「好結果」來證明自己的努力沒有白費。比如堅持運動，希望看到體檢報告上的各項指標都正常；堅持節儉，希望能看到帳戶裡的數字增加。但如果每天時時刻刻都盯著結果，或者結果一不理想馬上就心灰意冷、放棄，這種心態是不可取的。

過度在意結果很容易導致行動節奏被打亂。就像一天看到體重秤上的數字沒有下降，你就懷疑自己白練了，然後開始暴飲暴食、放飛自我。我很喜歡一句話，「過程要努力，結果隨它去」，用對方法，堅持下來，時間會給你最好的證明。

知道了自己想要培養的習慣屬於哪一種、做好心理準備、瞭解一項習慣養成的「三個階段」、遵守培養一項習慣的「三個原則」，就能確保把一項好習慣培養成功嗎？不是的！設置再完美、計畫再周詳，人都不是程式和機器，還是會偷懶，為躲避一點改變找盡藉口。如果你這麼做了，沒必要覺得羞愧，只是再次證明你是個「正常人」。

很多時候，我們並非完全不會改變，只是更喜歡在改變的路上「三天打魚，兩天曬網」。就提升英語這件事來說，資料找了不少、材料買了不少、心得看了不少、計畫列了不少、「任務」執行了不少，但總是有那麼一天，突然就放掉了。可能是某次突如其來的聚會打亂了自己的計畫，可能是某天過得不順覺得人生苦短，也有可能是突然發自靈魂地問了自己一句：「我提高英語的目的究竟是什麼？」……總之，半途而廢了，又一次。

面對這種情況，有兩個建議給大家。

第一，用「有做總比沒做強」的心態去面對前三個階段。也就是說，行動的數量比行動的結果更重要。比如，某一天真的不想運動三十分鐘，那運動二十分鐘也行，比一分鐘都不運動要強；看書十分鐘根本看不下去，那就讀五分鐘，甚至只讀一、兩頁也行啊，比一個字不看要強。

第二，設定「例外時刻」。例外時刻的存在不是為了給自己的偷懶找藉口。「今天有點累，要不就算了吧，明天一起完成。」生活中難免有意外狀況發生。「例外時刻」就是面對意外事件預先制定彈性應對機制。比如，當你感到心情低落、疲倦時，允許自己今天只讀一頁書也沒關係；平時規定自己必須坐在書桌前認真聽聽力，如果晚上有邀約，改成在嘈雜的地鐵上聽也可以。當然，「例外時刻」不要太多，否則也和放棄無異。

小結

一、關於不良習慣

1. 確定不良習慣的六條標準：

◎它們是重複的負面行為模式；

◎社會對它們持模糊、不確定的態度；

◎它們會破壞好的習俗、法律或道德準則；

◎它們會令旁人反感；

◎它們會對自己的健康、生活等各方面產生負面影響；

◎它們會影響自己和他人取得進步、變得更好。

2. 自檢九類不良習慣。

二、關於好習慣

1. 好習慣養成的難易程度有三個分類。

程度一：行為習慣，養成時間大約需要一個月。即每天規律的行為，例如，讀書、寫日記、整理、節約、記錄家庭收支等。

程度二：身體習慣，養成時間大約需要三個月。減肥、運動、早起、戒菸、肌力訓練等。

程度三：思考習慣，培養時間大約需要六個月。邏輯性思考能力、創意能力、正面思考等。

2. 核心習慣：是人們在日常生活中引入的微小變化或習慣，可以延續到生活的其他方面，「牽一髮而動全身」。

3. 常見的八個核心習慣：穿得更好、更得體；整理床鋪；烹飪；早上運動；練習感恩；睡好覺；寫下自己吃什麼；堅持常規。

4. 培養一個好習慣通常分為三個階段。

階段一：反抗期——馬上就想放棄；階段二：不穩定期——被預訂事項或他人影響；階段三：倦怠期——逐漸感到厭煩。

5. 遵守以下三項原則，往往能讓我們在培養習慣時更容易成功。原則一：一次只培養一項習慣，不要同時培養多項習慣；原則二：制定的行動規則越簡單越好；原則三：以結果為導向，但不要太在意結果。

6. 讓自己養成好習慣過程中，兩個聰明「偷懶」的建議：第一，用「做比不做強」的心態去面對前三個階段；第二，設定「例外時刻」。

思考與練習

讀完這章後，希望你能認真想想自己要戒除的壞習慣有哪些？最想培養的核心習慣有哪些？我總結了六大類好習慣供你參考。見表3。當然，請不要局限於表格。

表3—六類核心習慣

自我投資	閱讀	寫作	學習影片剪輯等一門新技能
金錢投資	制定年度存錢金額	開始學習理財	逐漸養成節儉的習慣
時間管理	減少加班	減少無意義的社交聚會	從每天上網時間縮短半小時開始
思維方式	不全盤接受或否定，保持質疑精神	堅持反思	學著換位思考
健康與美	堅持刷牙、定期洗牙	保持運動	多自己做飯吃
人際關係	認真和每個人打招呼	多把笑容掛在臉上	給好友、親人定期送禮物

考證照	參加讀書會、研討會	訂閱並閱讀專業雜誌或刊物	冥想
學會奉獻與餽贈，比如捐款	能理性看待奢侈品、寵物、化妝品這些容易令人衝動和感性的事物		
堅持一次只做一件事並做到好	減少開電視的時間	縮短刷手機的時間	整理出自己每日零碎的時間，認真想想怎麼利用
在沒有證據、沒有詢問前，不惡意揣測對方動機	再多一點理性		
少喝飲料和酒，多喝白開水	定期體檢	戒菸、戒酒、戒燒烤	多吃五穀雜糧和蔬菜
認真表達感情	少向對方抱怨	堅持多傾聽對方五分鐘	注意與人溝通、相處時的態度和舉動

學習感恩		學會認真休息		每天堅持吃至少兩種水果	
整理自己的想法		開始做那些不緊急但重要的事		每天堅持在工作時間伸展十分鐘、站著辦公	
正向、積極思考				不跟風消費，只買適合自己、舒適的服飾	
開始記錄，無論是日記還是手帳等					
戒掉最討厭的一項壞習慣					

POSTSCRIPT

後記

這些成為人生利器的工具未必每一樣都能對你奏效，但二十五個中總有那麼幾款是適合你、能為你所用的。就拿減肥來說，其中四個給了我很大幫助。

利器一 調整並形成自己的核心習慣

1. 我推遲了午餐時間。因為我發現很多時候中午十二點時，自己並不餓，想要吃飯只是慣性使然。所以，我把午餐時間延遲到下午一點，這也意味著早餐要吃得好一些。

2. 下午四五點加健康餐，優酪乳、麥片、堅果、能量條都可以，建議選容易讓人有飽腹感的食物。這意味著，到了晚上的飯點如果你不餓（問問自己是真餓了還是習慣性想吃晚餐），就可以不吃晚餐了。如果真的還會餓，可以用蔬菜和水果代替，但請在晚上七點前吃完這些東西，然後就對今日的任何食物說再見。

3. 有時候忍不住，晚上就是想吃怎麼辦？我的逃避辦法是躲進臥室不出來，在床上辦公，或者看一本自己想看的書，分散自己的注意力。

利器二 一切往小看，實現最小目標

因為我要動用自己的大部分意志力去抵制食物的誘惑，所以「管住嘴，邁開腿」的後半部分我投入的精力較少。通常，我會在下午四點去健身房的跑步機上快走三十分鐘，然後在瑜伽墊上拉伸、舉啞鈴十～十四分鐘。健身房並沒有天天去，一般一週兩～三次。

如果真的嘴饞食，就在運動前吃，喝一罐可樂、吃一袋薯片這些事我都做過，然後在跑步機上把它們消耗掉，就不會太有罪惡感。堅持兩個月後，我開始增加每週去健身房的次數，通常一週四～五次（雖然還是經常找藉口偷懶）。一方面是體能需要進階；另一方面是因為鍛鍊這件事除了保持個人形象和體能外，還是拯救沮喪、挫敗的良藥。如果某一天過得很糟糕，但我進行鍛鍊了，那麼在這一天結束時我就會想：至少我鍛鍊得不錯。

利器三　從長計議，避免短視

我大概每隔七、八天秤重一次，因為我知道自己減肥的目的不是迅速練成好身材，而是為了長遠的好習慣和健康的體魄，所以我放棄追求每天體重會有一～兩斤浮動變化這種短期數字帶來的興奮或沮喪。

利器四 身處黑暗也要心向光明

某一次沒管住自己，吃了垃圾食品或者一頓大餐怎麼辦？吃了就吃了吧。不要因為一次「破戒」就放棄減肥這件事，把它當成一項持久工作，在對抗中偶爾有妥協，被誘惑並不意味著你要破罐破、放棄人生。

被《紐約時報》評價為「改變女王」的美國「創作教母」朱莉亞．卡麥隆（Julia Cameron）在《創作，是心靈療癒的旅程（*The Artist's Way*）裡說：「成長的漸進方式很奇怪：向前兩步，後退一步……在星期二你還神通廣大，到了星期三你可能就要退步下滑了，這是很正常的。成長總會突然加速，但有時會處於蟄伏期，但不要沮喪，不妨把這當成是休養生息。」健康管理也需要這樣的「休養生息」。

我用了這四個利器後，效果如何呢？現在和大家彙報一下成果：半年減重六斤。我知道這個成績，比起數月減重十幾斤的減肥達人來說，實在算不了什麼，但體重減輕只是最初級的意義，更重要的是我養成了一系列健康的習慣：固定吃三餐，這意味著不必忍受饑餓；用麥片、堅果這些更有營養的零食來代替垃圾零食；運動也終於不再是可有可無的東西，現在我一週要是沒有五六天在健身房泡上一會，渾身就不舒服。最最重要的是，終於有一件事情，是我能夠長期堅持並做成的了。它讓我相信，接下來的很多事，我都有機會成功，而不是像過去那樣，總與失敗後的沮喪相伴。

《伊索寓言》裡有個小故事叫《兩只口袋》，它講述的是普羅米修斯創造了人，又在他們每人脖子上掛了兩只口袋，一只裝別人的缺點，另一只裝自己的。他把那只裝別人缺點的口袋掛在胸前，另一只則掛在背後。因此人們總是能夠很快地看見別人的缺點，卻總看不見自己的。

那些我們內心都明白的缺點、問題，總會因為自尊、懶惰等原因被我們視而不見。我們好不容易建立起的舒適圈，走出來又談何容易？自我糾正、自我成長的道路向來艱辛，只是，砥礪前行大概是想要人生變好所不可避免的選擇，我們可以行動緩慢，但終究不能止步不前。

這二十五個利器不是法寶，也沒有什麼魔法，它只是那些一直向上、變好的人的一些心得、方法、技巧。希望借助它們，有朝一日，你我都能到達自己心中所想的那個目的地，成為自己想要成為的那個人。

BI7136
關鍵突破
聚焦人生管理四關鍵，直擊問題本質，讓人生不斷躍進的成事法則

原 著 書 名／关键突破
作　　　者／吳靜思
企劃選書．責任編輯／韋孟岑

版　　　權／黃淑敏、吳亭儀、江欣瑜
行 銷 業 務／黃崇華、賴正祐、張媖茜
總　編　輯／何宜珍
總　經　理／彭之琬
事業群總經理／黃淑貞
發　行　人／何飛鵬
法 律 顧 問／元禾法律事務所 王子文律師
出　　　版／商周出版
臺北市 104 中山區民生東路二段 141 號 9 樓
電話：(02) 2500-7008　傳真：(02) 2500-7759
E-mail：bwp.service@cite.com.tw
Blog：http://bwp25007008.pixnet.net./blog
發　　　行／英屬蓋曼群島商家庭傳媒股份有限公司城邦分公司
臺北市 104 中山區民生東路二段 141 號 2 樓
書虫客服專線：(02)2500-7718、(02) 2500-7719
服務時間：週一至週五上午 09:30-12:00；下午 13:30-17:00
24 小時傳真專線：(02) 2500-1990；(02) 2500-1991
劃 撥 帳 號／ 19863813　戶名：書虫股份有限公司
讀者服務信箱：service@readingclub.com.tw
城邦讀書花園：www.cite.com.tw
香港發行所／城邦（香港）出版集團有限公司
香港灣仔駱克道 193 號超商業中心 1 樓
電話：(852) 25086231 傳真：(852) 25789337
E-mailL：hkcite@biznetvigator.com
馬新發行所／城邦（馬新）出版集團【Cité (M) Sdn. Bhd】
41, Jalan Radin Anum, Bandar Baru Sri Petaling,
57000 Kuala Lumpur, Malaysia.
電話：(603)90578822　傳真：(603)90576622
E-mail：cite@cite.com.my
封 面 設 計／萬勝安
內文設計排版／菩薩蠻數位文化有限公司
印　　　刷／卡樂彩色製版印刷有限公司
經　銷　商／聯合發行股份有限公司　電話：(02)2917-8022
傳真：(02)2911-0053

線上版讀者回函卡

■ 2022 年（民 111）01 月 06 日初版
定　　價 360 元

ISBN：978-626-318-116-8
ISBN：978-626-318-117-5 (EPUB)

關鍵突破：聚焦人生管理四關鍵，直擊問題本質，讓人生不斷躍進的成事法則／吳靜思著. -- 初版. -- 臺北市：商周出版：英屬蓋曼群島商家庭傳媒股份有限公司城邦分公司發行, 民111.01
296 面 ;14.8*21公分
ISBN 978-626-318-116-8(平裝)

1.成功法 2.生活指導
177.2　　110021367

Idea man

Idea man

Idea man

Idea man